COUPS DE PINCEAU

SUR

BLIDA

BONE, TLEMCEN, ORAN & CONSTANTINE

Philippeville aussi, pittoresque perchoir.
La Basse-Terre avec la créole à l'œil noir.

SUIVI DE
ÉLOGE DE LAMARTINE

PAR

Eug. Del B.

PARIS	TOURS
CHALLAMEL AINÉ	L. PÉRICAT
LIBRAIRE-ÉDITEUR	LIBRAIRE
5, rue Jacob, 5	41, rue de la Scellerie, 41

1885

Tous droits réservés

COUPS DE PINCEAU

SUR

BLIDA

BONE, TLEMCEN, ORAN ET CONSTANTINE

TOURS. — IMPRIMERIE ROUILLÉ-LADEVÈZE

COUPS DE PINCEAU

SUR

BLIDA

BONE,TLEMCEN, ORAN & CONSTANTINE

Philippeville aussi, pittoresque perchoir,
La Basse-Terre avec la créole à l'œil noir.

SUIVI DE

ÉLOGE DE LAMARTINE

PAR

Eug. Del B.

PARIS	TOURS
CHALLAMEL AÎNÉ	L. PÉRICAT
LIBRAIRE-ÉDITEUR	LIBRAIRE
5, rue Jacob, 5	41, rue de la Scellerie, 41

1885

Tous droits réservés

PRÉFACE

LE LECTEUR ALGÉRIEN

Nous sommes tout à fait bien disposés ; si peu que votre livre le mérite, nous le lirons avec plaisir. Dites-nous d'abord quel est votre but.

L'AUTEUR

J'ai un but général et un but particulier : mon but général est de combattre, par l'exemple, le dévergondage littéraire de notre époque, — dévergondage d'idées et surtout dévergondage de style, car c'est là, pour l'avenir, le symptôme le plus alarmant.

LE LECTEUR

C'est peut-être un peu prétentieux ; mais nous vous tiendrons compte de l'intention.

L'AUTEUR

Vous avouerez que, pour les idées, rien n'est plus facile ; je n'ai qu'à me tenir dans le cercle que m'ont tracé mes professeurs, cercle, du reste, qui nous est naturel. Ce n'est, en effet, que par déviation et aberration que nous arrivons au rôle de la bête. Il n'est pas non plus dans la nature de l'homme de ne s'arrêter qu'aux idées vulgaires et basses : si j'ai, par exemple, à vous présenter le portrait de M. X., excellent géomètre, et que je le prenne au moment où il travaille, debout, pendant l'été, en face de sa longue et large table à tréteaux, vous me saurez gré, je pense, de ne pas attirer votre attention sur les manches de sa chemise, que la sueur colle à ses bras, et sur la manière dont il les décolle avec le pouce et l'index ; car, me diriez-vous, outre la bassesse et le répugnant de l'image, ceci n'entre pour rien dans son portrait, cet acte de décoller la chemise n'est pas particulier à M. X.; le plus grand génie et l'homme le plus bête, le plus grand seigneur et l'homme le plus vulgaire, verront leur chemise se coller à la peau et la décolleront avec le pouce et l'index. Ah! s'il prenait les pincettes, oui ; ce serait là un trait distinctif de son caractère.

LE LECTEUR

Mais, monsieur l'auteur, vous nous faites combattre une ineptie : jamais peintre n'a usé là ses couleurs.

L'AUTEUR

Admettons que j'aie eu tort ; il n'est pas peintre au monde, en effet, qui ait usé là ses couleurs. Prenons un exemple plus vrai. Si je vous présente le portrait de la Blidéenne, vous ne voudrez pas, j'aime à croire aussi, que je décrive les trottoirs de la rue où elle passe et surtout les immondices que les balayeurs n'ont pas enlevées. Je n'entrerai pas non plus dans ces actes de la vie animale qui nous sont communs à tous, à plus forte raison n'irai-je pas compter les piqûres d'une bottine, car la moindre piqueuse m'en remontrerait; et certes, me dirait-elle, il ne faut pas pour cela grand talent.

D'un autre côté, si je ne trouvais sur votre compte que du mal ou des idées vulgaires, — sans parler du mauvais accueil que je devrais attendre, — en quoi, je vous le demande, élèverais-je l'esprit humain? Ne vaudrait-il pas mieux me taire? Nous ne sommes pas tellement hauts de nature que nous devions nous abaisser.

Et puis... voulez-vous que je vous dise?...
Il y a aussi de ma part un petit point d'amour-propre : je ne voudrais pas être accusé de stérilité. Or qu'est-ce autre chose que de copier exactement la vie animale?

LE LECTEUR

Observation! Étude de mœurs!

L'AUTEUR

Allons, allons, ne vous y laissez pas prendre. N'est-il pas vrai que vous, qui n'avez jamais eu la pensée de faire un livre, vous avez remarqué, tout aussi bien que ce grand romancier, que lorsque la Blidéenne passe dans la rue, il y a parfois des ordures?

LE LECTEUR

Oui, c'est vrai; mais je n'aurais pas eu la pensée de le dire.

L'AUTEUR

C'est parfaitement vrai, monsieur, vous n'auriez pas eu la pensée de le dire. Et pourquoi? Précisément parce que cela ne doit pas être dit. Supposez au contraire, — je vous demande mille pardons, — que vous soyez le chef des balayeurs, est-ce sur l'hirondelle qui gazouille ou bien sur les ordures que vous ferez votre rapport? Sur l'hirondelle, non : vos chefs se moqueraient de vous. Eh bien! comparé à tous ces faiseurs d'études de mœurs, si vous mêliez le gazouillement de l'hirondelle aux odeurs des ordures, vous seriez un phénix, car vous auriez le mérite d'élever notre esprit.

LE LECTEUR

Mais, alors, à quoi se réduirait son livre?

L'AUTEUR

De qui? de l'hirondelle? Non, je vous

comprends... A rien, mon cher lecteur, à rien, pas une ligne. Et c'est ici que commence le talent. Biffons, dit-il, toutes ces platitudes et mettons-nous à l'œuvre. Mais si votre homme biffe, il aura beau suer et décoller sa chemise, plus rien ne viendra.

Voilà pour les idées ; vous voyez qu'il ne me sera pas difficile de réussir, il me suffit pour cela d'avoir un peu de goût et quelques sentiments poétiques.

Pour ce qui est du style, c'est une autre affaire ; j'avoue que la tâche est difficile. Je me soumets à votre jugement. Les qualités du style sont telles que je me prévaudrai comme d'un succès si vous m'en reconnaissez quelques-unes et si le but que je me propose est à peu près atteint.

J'ai dit aussi que j'ai un but particulier, dans ce livre, cela s'entend. Si je reçois quelqu'un, je suis bien aise qu'il soit satisfait : satisfait de mon accueil d'abord, puis des livres qu'il voit sur ma table, puis... nous n'en finirions pas. Je suis heureux surtout si j'apprends un beau matin, par l'un de ses amis, que mon intérieur, que mes allures, que ma société en un mot lui est particulièrement agréable. Comparant, comme dit Virgile, les petites choses aux grandes, je me suis figuré que les Algériens dont je parle me sauront gré de ne pas garder pour moi seul le bien que je pense d'eux et le plaisir que j'éprouve de leur société, — si toutefois je me suis exprimé d'une manière convenable, gracieuse et attrayante.

Tout ce que je dis a été dit cent fois, je le suppose ; on n'apprendra rien de nouveau ; mais peut-être trouvera-t-on dans mes *Coups de pinceau* une certaine nuance d'originalité qui les recommande à un accueil bienveillant.

LE LECTEUR

Votre travail nous sera-t-il utile ?

L'AUTEUR

Peut-être oui, s'il tombe entre les mains des étrangers. Il me semble qu'après une telle lecture il en est qui désireront voir Blida, Bône, Tlemcen, Oran, Constantine et Philippeville. Qui ne voudra voir les cascades du Rhummel ?

Si cela est, je ne demande pas davantage ; je serai par là suffisamment récompensé.

LE LIVRE

Mon papa, tu m'as promis des vignettes...

L'AUTEUR

J'aurais voulu, en effet, te donner quelques gravures, gravures artistiques..., mais n'en parlons pas ; tu t'en payeras plus tard, si tu réussis. Ecoute un peu : quand j'arrivai à Paris, je n'avais pour mon dos qu'une vieille petite veste, un mince paquet sous le bras et dans ma poche quarante sous, juste le chiffre des Immortels ; même, à la gare, sur les quarante, j'en donnai six à une vieille femme qui pleurait.....

LE LIVRE

Six Immortels, papa ?

L'AUTEUR

Non, non, six sous, et il m'en resta trente-quatre, entends-tu ? Et je me tirai d'affaire.

I

Le Blidéen né pour Blida. — Oran. — Les Oranais. — Tlemcen. — Changement de noms. — Ignorance. — Constantine. — Son théâtre. — Bône. — Comme elle s'allongea. — Son port. — La place d'armes. — Le Cours. — Encore l'ignorance. — La Pépinière. — L'Académie d'Hippone. — Les Constantinois à Bône et les Bônois à Constantine. — Les soldats de la Brèche. — La statue de Thiers. — Les Blidéennes. — Le type de la Blidéenne. — Encore Bône. — Les ruines d'Hippone. — André le Florentin. — La manie du chiffon. — Entre Seybouse et mer. — La Grenouillère. — Les promeneurs qui soupirent. — Conclusion. — Port de Philippeville. — La Blidéenne à Philippeville.

On peut affirmer qu'en un endroit du globe terrestre il y a une ville plus jolie que toute autre. Cette ville, c'est Blida. Les Blidéens le comprennent sans même y réfléchir, ils le sentent instinctivement, c'est dans leur nature. Ils naissent essentiellement Blidéens et pour Blida.

Ce que je dis là n'est pas une naïveté. Excepté Paris, où l'on naît aussi essentiellement Parisien, supposez n'importe quelle ville, et vous verrez que, sauf les traits caractéristiques de la race, les habitants pourraient, plus ou moins, être nés et avoir grandi autre part.

Voulez-vous Oran ?

Ville à bosses de chameau, quartiers tronçonnés, places ou plutôt plats ébréchés, rues ou plutôt échelles de galetas, sentiers comme en plein ciel, pluie ou poussière, parfois huit mois tout secs, terre rouge et dépouillée, ensemble aride, brûlé, désolant ; assez grand port, mais conquis sur la mer, darse de quatre hectares, certainement peu en rapport avec une telle ville, un tel commerce, un tel mouvement ; jetée de mille mètres et vent qu'on dirait sans boussole ; forts grandioses et nombreux, perchés comme des aires ; aspect majestueux, imposant pour le touriste, terrible pour l'ennemi ; — rien sans doute de plus caractéristique.

Eh bien, tous les Espagnols qui, nés depuis vingt, trente, quarante ans, ont grandi sur la bosse de droite ou sur la bosse de gauche, seraient fort à peu près ce qu'ils sont, s'ils avaient grandi à Carthagène ou à Barcelone. Les Français, qui devraient, il me semble, avoir dans les manières et dans le caractère quelque chose de la sauvagerie de ce site, sont tout aussi polis, même plus doux que les habitants de Toulouse, de Montpellier, de Narbonne, etc. Les Italiens ne seraient déplacés dans aucune ville de l'Italie. Prenez tous les Juifs, transportez-les individuellement ou en bloc dans une ville quelconque de l'Algérie, ils ne s'apercevront pas du changement. Leurs traits, leur regard, leur démarche, leur langage, rien ne paraîtra insolite aux habitants qui les recevront.

Il serait en somme difficile de se figurer un type oranais bien tranché.

Voulez-vous Tlemcen ?

Ville en tout différente, site à plateau, ensemble gracieux, mais sévère, rues arabes, mais aussi rues françaises, places régulières, ombragées, grandes même, — telle la place des Victoires, où se désole, au milieu, petit comme une carotte, le bronze qu'on appelle la statue de la négresse ; — pluie abondante, neige souvent, beaucoup parfois ; plantes et fleurs variées, verdure vigoureuse, essayant de réjouir, s'efforçant de sourire, mais assombrie, la pauvre, oppressée, écrasée, par le verdâtre, sombre, triste et impitoyable olivier ; ensemble gai, bouquet ramassé, qui semble dire à l'artiste, le priant et le suppliant : « Vois comme en moi tout est joli, tiens, prends mes parfums, débarrasse-moi de ces vils oliviers, porte-moi à Blida ! »

Ville donc aussi très originale, et pourtant, rien qui caractérise les Tlemcéniens d'une manière tranchante. Ils sont si peu originaux, si peu de leur pays, je veux dire, qu'ils effacent, les ingrats, un jour ici, un jour là-bas, tout ce qui rappelle leur origine, tout ce qui leur donne, dans le plat désert de la civilisation, une fraîcheur toute vive et parfumée d'oasis. Telle rue qui portait un nom arabe, porte aujourd'hui un nom quelconque d'un Pézénas quelconque ou d'un général quelconque ; cette petite place ravissante, qui ressemblait dans son encaissement, par sa fontaine et sa verdure, au lieu saint d'un bosquet sacré ; cette petite place des *Caravanes*, dont chaque feuille reflète sans doute un souvenir intéressant, s'appelle aujourd'hui... — faut-il le dire ?... Vous ne me croiriez pas. On lui a, du reste, enlevé tout cachet : on l'a très prosaïquement réunie à la place de la mairie ; on a même, plus récemment encore, poussé plus loin le vandalisme, et c'est d'un laid !... N'en parlons pas. Et ce gâchis s'appelle la place d'Alger ! ! !

— Mais, monsieur, vous savez bien que tous ces écriteaux qu'on a burinés et cloués à nos frais, c'est comme s'ils n'existaient pas, nous n'en tenons aucun compte. On nous a gâché cette place, c'est un malheur irréparable, mais nous n'y sommes pour rien ; nous en gémissons plus que vous. Tous ces traits d'origine que vous conservez religieusement à Blida, l'ignorance les a, chez nous, remplacés par des non-sens ; mais notre cœur est là qui les retient pour les remettre un jour.

— Mes chers Tlemcéniens, je fais amende honorable et vous en aime encore davantage. Prions Dieu, vous et moi, qu'un génie bienveillant vienne, par une belle nuit, badigeonner tous ces non-sens et suspendre son badigeon au nez de l'ignorant qui a ainsi gaspillé vos deniers.

Quoi de plus différent, comme site et comme climat, que Bône et Constantine ?

L'une, qui n'est pas Bône, s'est assise en se serrant beaucoup, — comme une femme ramènerait son polisson et tous les plis de sa robe, rapprocherait les genoux et rentrerait les pieds, — sur un rocher, qui n'en est pas un, qui est plutôt une roche, roche inclinée, encaissée, écrasée et noircie, tout le long du dos, par les brumes de l'hiver et les miasmes du Rhummel; l'une, dis-je, c'est Constantine, — se tient là, sur cette roche, accroupie, très accroupie, serrant toujours son polisson et craignant de glisser ; elle a même, par précaution, fait construire à côté de son pied droit, un somptueux théâtre, qui lui revient à trois millions. C'est un peu cher, juste, si je m'en crois, de quoi nourrir, bon an, mal an, cinq cents familles, et cela, depuis l'an de grâce mil huit cent quatre-vingt-trois jusqu'au jour où le soleil et la terre s'effondreront dans l'éternité. Enfin, elle l'a fait.

Bône, qui, à bon droit, se dit une charmante ville, s'était d'abord, peut-être un peu sans façon, je ne dis pas cavalièrement, non accroupie, mais bel et bien couchée de dos sur le flanc d'un monticule. Plus tard, comme qui se trouve à l'aise après avoir quelque temps dormi, — supposez, pour faire image, au plus fort de l'été, vers les deux heures du matin, la fenêtre entr'ouverte, les rayons de la lune adoucissant autour du lit le mystère de l'obscurité, et la brise légère enveloppant de ses parfums les formes les plus gracieuses; supposez, dis-je, non pas une statue, car on ne peut être plus vivant, mais une belle femme, majestueuse et souriante, d'un modelé de pinceau, d'un regard très vif, indolente et pourtant toute fraîche, qui s'éveille à demi au milieu d'un rêve de bonheur. Elle s'allongea très gentiment, la voluptueuse, vers le sud-ouest ; elle mit même dans son déploiement un certain air d'élégance, de magnificence et de libre allure, qui contraste avec la modestie de ses premiers atours.

Son port, magnifique bassin, non conquis sur la mer comme celui d'Oran, mais gracieusement inscrit dans l'une des plus belles rades du monde, n'a guère moins, — quelques pouces peut-être, — de quatre-vingts hectares. Ses deux grands bras, l'un de huit cents, l'autre de six à sept cents mètres, jetés là de main d'homme, offrent aux promeneurs, — car ils forment terrasse, — les agréments de la brise, le grondement de la mer, le calme de l'intérieur et l'aspect le plus grandiose qui se puisse imaginer, jusqu'à la darse, petit port dans le grand, me disent les dictionnaires, qui s'enserre tout gentil contre un quai de six cents mètres. Ce petit port, — c'est bien le mot qui lui convient, je n'aime pas le mot *darse*, qui nous est venu de l'arabe par l'espagnol ou l'italien, — n'est pas mal grand, supposons le huitième du tout, et s'encadre harmonieusement avec la nature qui l'entoure. Si je pouvais l'acheter, — on ne voudrait pas me le vendre, — j'irais prendre le père André, vous savez, là-bas, qui tient une barque sur la Seybouse, André le Florentin. L'eau m'en vient à la bouche... Enfin, il n'y a pas moyen. Je reviens à mon sujet.

La place d'Armes, tout entourée d'arcades, admirablement ombragée, poétiquement et avec mystère, par des palmiers, des orangers et des gutta-percha, si je ne me trompe, est un peu trop encaissée, non pas pour moi, je l'aime ainsi, mais pour la ville et les Bônois. On l'a si bien compris qu'on en a fait un reposoir.

Je ne me contredis pas : l'ancienne place des Caravanes, à Tlemcen, était juste ce qu'elle devait être, vu son entourage primitif ; la place d'Armes de Bône, qui est au moins aussi poétique et bien plus recueillie que la place des Caravanes, serait ce qu'elle doit être, si elle se trouvait de plain pied et si les maisons qui l'entourent avaient un étage de moins. Telle qu'elle est cependant, sans tenir compte de l'affection particulière que je lui ai vouée, je la trouve fort belle.

Le cours National... Maudite épithète !... Je pressentais une phrase à sourire, coulante et harmonieuse, à large et ample période, toute longue et dégagée, coquette et gracieuse, vive d'espace et d'azur, pleine d'ombre et de fraîcheur, splendidement encadrée, en un mot le portrait de cette promenade enchanteresse... et ma plume s'est brisée. Vous ne voyez donc pas que par des mots de ce genre, vous vous enlevez toute originalité, que vous commettez en outre un non-sens ? *National* se rapporte à toute une nation : route nationale, en opposition à route départementale, opinion nationale, etc. Nos ancêtres ne cherchaient pas si loin ; il leur suffisait d'un brin de gloire, le moindre souvenir : « Cours Belzunce », dirent-ils simplement.

— Mais, monsieur, c'est vous qui nous apprenez que notre cours s'appelle le cours National ; c'est vous dire que nous n'y sommes pour rien. Comme les Tlemcéniens, nous aimons notre pays et nous tenons à conserver les traits de notre origine, témoin la rue Saint-Augustin, la porte de la Kasba, etc.

— Mes chers Bônois, je fais amende honorable et vous en estime davantage. Prions Dieu, vous et moi, qu'un génie bienveillant vienne, par un beau clair de lune, badigeonner ce non-sens et quelques autres.

Donc, votre cours est vraiment beau et il le sera d'autant plus que les arbres grandiront.

Je ne parle pas du Jardin des plantes, parce qu'il est en dehors de la ville et qu'il ne peut directement influer sur le caractère et les manières des habitants. J'aurais pourtant bien voulu le décrire, car il m'a singulièrement frappé: outre son aspect sévère, qui me plaît beaucoup, j'y ai remarqué avec émotion certaines plantes que j'affectionnais dans les pays chauds.

Si les beautés naturelles et artistiques de la ville ont place dans mon cadre, — du reste, vous savez, mon cadre..., c'est une manière de parler, et croyez bien que si je ne dis rien du Jardin des plantes, c'est parce que je ne l'ai pas sous les yeux, — je ne veux pas passer outre sans dire un mot de l'Académie d'Hippone. C'est un institut scientifique qu'on ne saurait trop louer et encourager. Autant j'en dirai de tous ceux qui lui ressemblent, soit scientifiques soit littéraires. Toutes les villes devraient en avoir. L'Académie d'Hippone publie un recueil savant, trop savant pour moi, je le regrette, ce qui ne m'a pas empêché de lire toute la collection, au risque parfois de ne pas comprendre. J'étais amplement dédiommagé par les articles de ma compétence. Ceux que je ne comprenais pas me donnaient le désir de m'instruire; j'y gagnais au moins cela. A côté de cet institut, je voudrais voir une académie littéraire.

Je continue. Bône et Constantine diffèrent donc totalement. Eh bien, que, pendant la nuit, par un coup de baguette magique, les Bônois s'envolent à Constantine et les Constantinois à Bône, le voyageur qui se sera promené la veille et qui, le lendemain, descendra ou montera la rue Nationale, la rue de France... crac... Ma pauvre plume, je te plains.

Bien chers Constantinois, est-il possible, en vérité, qu'une rue Nationale aboutisse au pont d'Ell-Kantara, et qu'une rue de France expire sur les lèvres du Rhummel? Et quelles lèvres! vous le savez!... tout à pic, deux cents mètres. Un coup de badigeon, croyez-moi. Rue de Salluste, rue de Jugurtha, rue de Sittius ; place du Palais, place de la Kasba, place du Caravansérail, porte Bab-el-Djabia, voilà qui vous caractérise ; — rue Damrémont, porte Valée, place d'Aumale, place de la Brèche, voilà qui est bien. Votre origine est, Dieu merci, suffisamment belle et vous fournit assez de souvenirs. Un coup de badigeon, s'il vous plaît. Beaucoup d'entre vous sont trop jeunes pour avoir vu ces vieux soldats à moustache, qui nous revinrent glorieux de la brèche de Constantine. J'en ai vu, moi, la peau brune et les cheveux en brosse, le feu dans le regard, la colère dans le jarret et des balafres sur le front. Tous les héros de l'antiquité, lions de Sparte ou brutes de Rome, bêtes avides et immorales dont nous vantons les exploits, qu'était-ce au fond sinon ce que je dis? Mais les soldats de Constantine!... Le moindre est un héros, les autres sont des dieux. Prenez donc là vos souvenirs. Le nom des officiers, c'est très bien, je vous félicite ; le nom d'un soldat, ce serait encore plus beau.

Le voyageur donc qui descendra ou remontera ces rues, sera coudoyé de la même manière et ne verra dans les figures aucun changement ; de même, le voyageur qui se promènera à Bône, sur le cours, ne sera pas autrement affecté que la vieille, et tous ces Constantinois, qui seront là d'une heure à peine, ne l'empêcheront pas de remarquer que la statue de Thiers est fort impoliment tournée en sens inverse.

Une digression, pour me reposer. J'étais là depuis longtemps, debout, contemplant cette statue. Quel est donc, pensais-je tout haut, ce colossal navigateur qui s'appelait Thiers? — Comment! me dit un Maltais qui m'avait entendu, vous ne connaissez pas Thiers?.. — Ah! boun Diou! c'est Thiers! Merci, mon brave : j'y aurais passé la nuit que je ne l'aurais pas deviné. — Il est assez grand pourtant! — Eh! oui, on n'a pas ménagé l'étoffe.

Je reprends mon sujet.

D'un autre côté, est-ce dans l'homme ou dans la femme que l'on trouvera particulièrement les traits caractéristiques d'une population, relativement au pays qu'elle habite? C'est dans la femme. Pourquoi? Parce qu'elle est moins vigoureusement constituée que l'homme, et que tout en elle se soumet plus facilement, s'assouplit plus franchement aux influences locales.

Eh bien, tout en faisant une concession de nuances, est-il possible à l'esprit de se représenter par abstraction un type bien accentué de la Tlemcénienne, de l'Oranaise, de la Constantinoise, etc. ? Je ne le crois pas.

A Blida, — c'est là que j'en voulais venir, — les femmes sont jolies, souriantes et gracieuses. Quand je dis souriantes, je veux dire que tout en elles flatte l'esprit ; on se sent pris à leur vue d'un certain calme réjouissant. Je n'entends pas leur faire injure : je dis calme réjouissant, parce qu'il n'entre pas dans mon sujet d'analyser les sensations qui amènent d'autres sentiments. N'importe où l'on passe, n'importe en quelle place on se promène, on éprouve comme une impression de fleurs. Que l'on soit affairé ou que l'on ait encore sur le front les rides d'une étude ardue, à peine est-on dehors qu'on se sent allégé, tout rajeuni, il suffit pour cela de voir passer une Blidéenne.

De la condition la plus basse à la condition la plus élevée, c'est toujours le même charme c'est un sourire général, non des lèvres seulement, mais de toute la personne; un dégagé si gracieux, des manières si naturelles, si vives et si fraîches, qu'on se demanderait si ce n'est pas une illusion, si cette grâce n'est pas un reflet passager du sourire de la nature. Et au bout d'un temps très court, on se met tellement dans ce bien-être, on en prend tellement l'habitude, qu'on n'a même pas besoin de regarder qui passe, on regarde en soi, car on l'a dans le cœur, le type de la Blidéenne.

Si, tout rêveur, je me perds dans une allée, le parfum qui me vient des arbres fleuris, la fraîcheur et le bruissement des branches, le murmure de l'eau voisine qui se mêle à ma rêverie, un rayon de soleil qui se joue et sourit dans les feuilles, une grappe de glycine qui se balance gracieusement au souffle de la brise et se détache d'un joli bleu dans le haut d'un olivier, le gazouillement du petit oiseau qui se réjouit de mon erreur, tout cela me ramène à l'esprit, me remet devant les yeux le type de la Blidéenne.

Si ma rêverie m'entraîne un peu plus loin, que le gardien ferme les yeux ou s'occupe à tailler une haie, mon regard s'arrête sur un rosier..., ma main s'avance discrètement... Je prends... je crois prendre une rose, la rose la plus fraîche.... Le petit oiseau en rit, caché sous une feuille. Et je me dis : « Heureux suis-je de mon erreur ; je tiens la Blidéenne. »

Il n'est jamais trop tard pour bien faire. Il y en a quelques-unes, — j'ai oublié de le dire, — qui tranchent par une beauté exceptionnelle, telles, par exemple, que je ne nommerai pas, mais qui liront ma pensée dans le regard des promeneurs.

Je continue.

Si toutes ces gracieuses Blidéennes étaient nées à Bône ou à Constantine, et y avaient grandi, seraient-elles ce qu'elles sont ? Non assurément. La ville de Bône est, après Blida, la ville que je choisirais, d'un séjour très agréable, d'un climat très doux. Mais c'est surtout à ses rivages qu'elle doit sa beauté et le plaisir qu'on y éprouve; car qu'importe à l'œil et au cœur de l'artiste ce qui peut enrichir le vigneron, l'armateur ou le négociant? Et ce qui prouve que l'artiste ne se trompe pas, c'est que justement ce qui flatte son esprit, est aussi ce qui influe sur le caractère et la forme des habitants.

Les Bônoises ne sont que ce que la ville les fait. Je ne veux pas dire qu'elles soient mal, loin de là : il est facile de le voir par la description que j'ai plus haut ciselée à leur image.

Elles devraient beaucoup à la plage d'Hippone et à la plage de la Grenouillère, si la mer se trouvait au centre de la ville.

— Elle est forte, celle-là !

Elles ne leur doivent presque rien parce qu'elles en sont séparées : leur regard n'a de distraction influente et caractéristique que le départ des bateaux ou des navires, et la statue de Thiers, qui leur tourne le dos.

Le Jardin des plantes est pour elles, non pour moi, je l'ai dit, d'une beauté trop sévère, et encore n'est-il pas dans la ville.

Les ruines d'Hippone, — que les savants s'obstinent à faire passer pour une citerne, — sont bien ce qu'il faut à ma rêverie, et si je ne craignais un mécompte, — vous savez malheureusement que cela peut arriver, même en plein jour, — je trouverais un certain bonheur à passer quelques nuits sous ces voûtes délabrées ; mais cela ne m'a pas l'air de disposer au sourire ; et encore, tout beau qu'est le site, n'est-il pas dans la ville.

A droite et à gauche, les plages sont magnifiques ; mais pour y aller, c'est un dérangement.

— Nous y allons en voiture.
— Adieu la poésie et partant le sourire !

Je dirai aussi que ce n'est pas sans quelque peine que l'on parvient à la plage d'Hippone. J'aime sans doute mieux cela que d'y arriver en voiture, mais il n'est pas à désirer que vous ayez mes goûts. J'aime surtout la barque du vieil André le Florentin ; je trouve du plaisir à visiter sa cahute. Il me fait remarquer sa crémaillère de corde, suspendue aux chevrons, un peu à l'avant, juste au milieu ; sur la gauche, son pauvre lit, et, au-dessus de quelques branches assoupies, au bout de la crémaillère, une marmite ébréchée, — le tout verni de suie, ou du moins noirci de fumée. — Il me fait remarquer aussi qu'il lui suffit, pendant son repas, de gratter le sol pour avoir de l'eau.

Qu'il est heureux, ce vieil André !... Il sait bien qu'il vint de Florence (*sa bene ch' è Fiorentino, ma...*), mais... ne lui en demandez pas davantage. Il se couche au coucher du soleil (*si corica al tramontar del sole*), il se lève quand le soleil se lève (*si alza allo spuntar del sole*), il croit en Dieu (*crede in Dio, ma...*) mais... ne lui en demandez pas davantage. Il vit là d'un peu de poisson et des quelques sous que lui rapporte sa barque.

Je regrette de n'être pas un grand romancier : ce serait le cas d'une description de cinquante pages. Que de choses à dire sur ce pantalon de cotonnade, tissu de Rouen, s'il vous plaît ! Je ferais bien remarquer qu'il est bleu, rayé de blanc, un peu court, boursouflé aux genoux, plissé au jarret, blanchi par les ans, etc. etc. Et les souliers ?...

— Voyez donc, ô merveille ! achetez, achetez vite ! crierait-on !

Et tout le monde s'empresserait d'acheter mon livre, et tous les journaux à feuilletons voudraient, à n'importe quel prix, publier mes cinquante pages de chiffons, de gros fil gris, d'aiguilles à repriser, de pièces rapportées, de cuir veau garanti, de crânes semelles, de clous et de ferrures, et d'empeignes ratatinées.

« Que de talent : crierait-on de nouveau ; quelle étude de mœurs ! des souliers de cuir sur les bords de la Seybouse ! Un bonnet qui n'est ni grec, ni russe, tant il est déformé !... André le Florentin en manches de chemise !... Et les cheveux gris qu'il a sur la tête et qui poussent comme poussent des cheveux !... Et une barque qui passe les promeneurs, et une hutte à la crémaillère de corde, au sol qui donne à boire, aux chevrons enfumés !... Et le tout sur les bords de la Seybouse, à côté de la Boudjema !... Achetez vite, ô merveille ! »

Est-il heureux, ce vieil André..., de n'en pas savoir davantage ! Il voudrait bien me raconter qu'il est marié, qu'il a de jolis enfants, que sa femme est excellente et travaille pour les nourrir, que le tout est à Bône, *ma*... ne lui en demandez pas davantage.

Après m'avoir passé sur l'autre rive, il m'avertit de prendre garde aux chiens des Arabes, ce qui me faisant dévier un peu, je me trouve face à face avec du gros bétail. Les bœufs sans doute ne sont pas moins effrayés que moi ; mais la peur se raisonne-t-elle? Leurs yeux farouches m'apparaissent si grands tout au bout de leurs cornes, que je m'esquive derrière les arbres et je fais encore un détour.

Si mon front pouvait se dérider, si mes lèvres pouvaient essayer de sourire, je vous le demande en vérité, belles Bônoises, serait-ce là?

La plage de la Grenouillère, — et loin, plus encore loin, — fait aussi mes délices. Je regrette peut-être un peu que, pour vous continuer, sur le bord de la mer, l'une des plus belles promenades du monde, on enlève au grondement des vagues les noires roches de la corniche ; mais, me dis-je aussitôt, mon plaisir après le vôtre. Et je vous le reproche d'autant moins que c'est surtout par la vue de la mer que vous pouvez vous distinguer des Constantinoises. Non que je croie vous faire injure ni à elles non plus ; tout comme elles, vous êtes belles ; tout comme vous, elles sont belles et bien prises. Témoin, tous les matins, ces promeneurs assidus... — j'ai bien envie de les nommer... — Nous encombrions le marché, coudoyant ci, regardant là, tournant toujours et fumant tous, moins M. A..., qui soupirait..., un radis noir dans la main gauche, la canne sous le bras, de la main droite égratignant son radis pour voir s'il était bon, et soupirant toujours... Hélas ! ne nous jetez pas la pierre : comme nous les admirions, on vous admire aussi. Votre marché du reste ressemble tellement au leur, — un peu moins grand peut-être, mais non moins beau, — qu'il serait bien difficile d'y avoir d'autres mœurs. Permettez-moi donc de conclure que, malgré la différence des sites, vous ressemblez aux Constantinoises, et que si les Blidéennes sont gracieuses, vives et souriantes, c'est parce que leur ville est au centre d'un pays gracieux, vif et souriant, et que ce pays vient jusqu'au centre de leur ville.

Elles vivraient peut-être à Tlemcen sans trop perdre de leurs qualités; elles s'étioleraient à Constantine. Il ne faut pas leur en vouloir. A Bône, elles vous ravageraient le petit square du cours, tant le désir de sourire à la nature les y précipiterait. Votre splendide araucaria, dans deux jours, n'aurait plus de branches ; de bonheur et par souvenir du jardin Bizot, elles les emporteraient dans leurs chambres. Et quand tout serait sec, que deviendraient-elles ?

Je connais fort peu Philippeville, — ce que je regrette, — et je ne puis porter qu'un jugement fantaisiste. Je vois bien, non pas des bosses comme à Oran, mais deux flancs pleins de hardiesse, et la rue Nationale qui s'écoule à leurs pieds, se précipite même ; je vois bien la place de la Marine, grande terrasse et bien encadrée, qui m'offre au loin un magnifique panorama ; les maisons à arcades, la place de l'Église et son large escalier, et là-bas, là-bas, presque à perdre haleine, la porte de Constantine ; ce que je vois surtout, c'est ce port que l'on a créé et la darse tout aussi belle, d'étendue presque égale et à splendides quais, et la gare la plus commode, on pourrait dire qu'elle est dans la ville. Je vois que l'on peut vivre à bon marché ; mais je ne vois pas comment s'y trouveraient les Blidéennes et je risque une fantaisie. Je me les figure donc, — bien persuadé que ce que je vais dire est faux, —je me les figure toutes qui enfilent la grande rue, ne s'arrêtant qu'une seconde à examiner la place de la Marine, détournant à peine la tête comme pour noter à gauche cet exhaussement inattendu, car elles n'admettent pas une place à escaliers ; regardant bien à droite et à gauche toutes ces belles maisons qui montent ; marchant vite et ne soufflant mot, tant elles sont étonnées ; levant les yeux et souvent dressant la tête, pour savoir si cette large et belle rue ne finira pas de monter ; doublant le pas en face de l'église, qui leur paraît trop haut juchée ; désespérant bientôt de voir le bout de la rue et, un peu avant la crête, s'engageant à droite par pure curiosité, sans bien réfléchir qu'elles vont droit au ciel ; montant ou mieux gravissant, toujours les yeux en l'air et quelque peu essoufflées ; puis tout à coup, comme prises de terreur, faire net volte-face, descendre au galop tout affolées, soufflant fort, mais toujours muettes, tête en avant, cheveux au vent, les unes trébuchant, tombant et se relevant, puis bondissant pour rattraper les autres, qui tombent à leur tour, se relèvent et bondissent, s'entassent dans la chaussée, poussent sous les arcades, se heurtent aux passants, écrasent les enfants, cassent des vitres, font hurler les chiens, courent de plus belle, regagnent la darse et se précipitent sur le bateau.

A Oran... ce serait trop long, je vous le mets en note, elles y mourraient.

Avec de telles dispositions naturelles, la fête de leur pays doit être forcément plus attrayante que toute autre, et comme tous les cœurs s"y prêtent, je pourrais dire de naissance, on arrive à obtenir sans effort du splendide et du grandiose.

Je vais tâcher de vous en donner une idée.

II

Place d'Armes de Blida. — Les platanes infléchis. —
Illumination. — L'orchestre. — La retraite aux
flambeaux. — Les musiques. — L'indiscret. — Rêve
de l'Arabe, — du nègre, — de la négresse, — de
l'étranger, — du Blidéen, — de la Blidéenne. — Le
soir de la fête. — La foule à Paris. — Comme on s'en
tire. — Entrée au bal. — Le quadrille.

Voyez-vous cette petite place ? un hectare, bien
peu s'en faut ; cent mètres de côté, nous dit
l'arithmétique ; dix mille mètres carrés, ajoute-
t-elle aussitôt ; — tout entourée de maisons à arcades, le tout à angles droits, pris à l'équerre,
tiré au cordeau.

C'est la place d'*Armes*, belle et jolie, fraîche
et coquette ; une fontaine au milieu, et au centre
de la fontaine, un magnifique palmier, — qui regarde, en face, là bas, la porte d'El-Kébir, le
jardin Bizot, le jet-d'eau Bizot, — et en face, de

ce côté-ci, en prolongeant le diamètre, toujours droit comme une règle, et le tout pris au cordeau, — la rue d'Alger, belle et splendide, gaie de nature, et aujourd'hui toute joyeuse et frétillante, heureuse de la fête, heureuse aussi de la verdure qui la termine et qui semble fuir sous la porte, car tout ici se termine en verdure, en souriants reflets, calme bruissement, gazouillements d'amour, nappes d'ombre et de parfums. C'est partout, — partout gravé d'une main délicate, d'un burin qui ondule, — le bonheur du Blidéen, le sourire de la Blidéenne.

Et, tout autour de cette place d'Armes, en double rangée, symétrique et au cordeau, sur les quatre côtés, soixante-huit platanes, — c'est le géomètre qui nous le dit, le jardinier aussi. — Et pourquoi non soixante-douze ? D'un côté, deux en moins, pour que, du palmier, le regard fuie et se perde, en traversant le jet Bizot, sous les riants arceaux du jardin ; deux en moins de l'autre côté, pour que du même point, le regard fuie et se repose dans les joyeuses ombres de la place Zaouïa (1) ; soixante-douze moins quatre,

---

(1) Cette place, beau triangle allongé, était un square il y a huit ans et s'appelait alors place du

qui s'harmonisent à ravir avec les maisons qui leur font face, glorieux qu'ils sont, je leur passerais même d'être orgueilleux de leur belle venue, de leur taille élancée, du siège que leurs six branches, mettons-en sept, peut-être huit, forment, — c'est ravissant, — dès leur naissance, au haut du tronc, juste à la même distance.

« C'est moi, nous dit, en se frottant les mains, le jardinier, c'est moi qui les ai fait grandir ainsi. Ils en étaient encore à leur duvet, ces frais rameaux, que j'aimais tant ; ma main les prit avec délicatesse, et je les infléchis... Je ne vous dis que ça... Supposez, tourné en haut, le polisson d'une belle dame... Et je les vis grandir, grossir et s'arrondir, pousser des branches et du feuillu, — que je caressais, que j'infléchissais, que je taillais aussi... Jugez de mon bonheur, j'ai vieilli là-dedans. »

Et ce soir, tous ces beaux rameaux et ce cha-

Square ; mais aujourd'hui elle n'a point de nom : qui veut en parler la désigne comme il peut. Après avoir vainement cherché et questionné, je l'ai appelée place Zaouïa, du nom d'une rue qui lui sert de base. Si l'on n'est pas content, que chacun fasse comme moi, et nous l'appellerons enfin de la résultante de tous les noms qu'on lui aura donnés.

toyant feuillage, jusqu'au polisson du jardinier, tout est illuminé. Comptez, si vous pouvez, les lanternes de couleur, folles de bariolage, de sourire et de gaieté, et tous ces lampions qui se dessinent en guirlandes, trapèzes et carrés, cercles aussi et toutes figures à imaginer ; comptez, — ici, tenez, rien que cette porte, cintre et montants, — un, deux, trois, quatre, cinq..., dix, vingt, trente, quarante, cinquante..., cent, deux cents, trois cents, mille... Assez, de grâce, je n'en finirais pas.

— Eh ! mais... Si je ne m'abuse, votre place est planchéiée ?

— Et tout autour, ces gradins à stalles, qu'en dites-vous ? et l'orchestre, le voyez-vous, gracieusement perché, comme suspendu sous les branches du palmier ? Mais n'anticipons pas ; prenons le plaisir comme il nous vient. La retraite aux flambeaux va commencer.

— J'ai vu souvent la retraite aux flambeaux.

— Tenez pour vrai que vous n'avez rien vu. Ici, vous en aurez par milliers, des flambeaux, et de toutes les couleurs. Ce qui distingue en général toutes ces retraites, c'est l'absence des lumières, et ce qui les caractérise, c'est la fumée de trois torches qui précèdent les tambours, quelques enfants qui suivent douze musiciens, et le tout passant plus ou moins vite sous les fenêtres silencieuses d'habitants engourdis, quelques-uns en bonnet de nuit. Ici, ce n'est pas ça. C'est par milliers de gens, Européens en premier lieu, cinq mille, c'est peu compter, tant étrangers que Blidéens ; et surtout, qui viennent après, renfort précieux, bruyant et animé, cinq mille Arabes, c'est le moins, Kabyles, nègres et Mozabites (1); tous en plein dans leur élément, pétris de fêtes et de fantasias (2), nés pour le fifre et le tam-tam, nés pour les danses et le bruit de l'air, la grosse caisse et les youyous (3), — qui se lancent comme des fous, se tassent et se ruent, penchés en avant sur un pas allongé, la figure hors de ce monde, l'oreille au son et l'œil tout à la lumière,

---

(1) Nom d'une race intermédiaire entre les Turcs et les Maures, qui habite le Mozabis, dans la Barbarie méridionale. (Bescherelle.)

(2) Courses usitées chez les Arabes dans les fêtes, et qui consistent à s'élancer de toute la vitesse de leurs chevaux, à revenir sur leurs pas, avec de grands cris, en déchargeant leurs armes. (Littré.)

(3) Cri des Arabes. — Latin, *io* ; ancien grec, *io* ou *iou*, cri de joie ou de douleur.

et le burnous qui flotte, ou fouette et bat l'espace, — et le tout qui va de rue en rue, sous les notes discordantes de différentes musiques, s'échauffant, s'animant, s'excitant et hurlant plus encore à mesure qu'ils avancent. Et au milieu de cette cohue, s'élargissant en cercle, le nègre à la face luisante, dont la lèvre se retrousse pour étaler de belles dents, — saute et danse et s'infléchit, fait claquer ses castagnettes de fer, se redresse en se donnant des grâces, la bouche ouverte et toute rouge, grimaçant des mains et des bras, et relevant vers l'autre genou son tibia droit mince et luisant. Voyez-vous là-bas ces nègres, dans un coin ?

— Je vous écoute, mais ne vois rien ; vous êtes grand, je suis petit, et je suis ici comme une sardine. Faites-moi faire un peu de place. Hé ! monsieur, descendez un peu votre tête !... Il ne bouge pas, il est sourd, je suppose.

— Vous êtes bon ! Croyez-vous que sa tête se démanche ? Regardez bien, vous verrez peut-être. Voici les Arabes qui défilent.

— Je vois leurs drapeaux. Je vois aussi des lanternes de toutes les couleurs, comme vous disiez, des croissants illuminés, qui se promènent dans l'air.

— Des triangles aussi, des trapèzes et des parallélogrammes, ne les oubliez pas. Quand je vous disais que vous verriez !

— Oui, mais je ne vois pas qui les porte.

— Huit heures et demie, mon cher, huit heures et demie, regardez votre montre.

— Cela m'avancera bien !

— Entendez-vous ce brouhaha? Levez la tête, montez sur les pieds de monsieur.

— Qu'il y vienne !

— Tenez, voilà une dame qui veut partir, prenez sa place.

— *Que venga !* (qu'il vienne !)

— Si elle peut sortir, elle aura de la chance !

— Poussez fort, vous dis-je, nous arriverons au premier rang. Voilà que ça commence ! Entendez-vous le tambour ? Brrrrrr... C'est le signal. Po poum poum ; po poum poum... Ce sont les nègres, vous les voyez? Et la musique des tirailleurs : pa, pa pa pa, — pa, pa pa pa... Et la trompette des chasseurs : pan pan pan, pan pan pan... Et les fifres au son criard, ce groupe que vous voyez là...

— Je ne vois rien...

— Pi, — fi pi fi, — pi, — fi pi fi... — Et les flûtes arabes, la grande et la petite, cornemuses qui n'ont pas de sac, large bouton pour embouchure, où s'aplatissent les lèvres et se gonflent les joues, — connaissez-vous l'arabe, la *qosba* et la *djouâk?*...

— Ça m'est bien égal.

— Et la *derbouka* au son métallique, castagnette de fer, qui domine tout : cla cla cla, cla cla cla... Et les tam-tams de toute sorte, les cymbales et les grosses caisses : zin zon zin, bo boum boum... On défile, on va sortir de la place, regardez donc! Boum! Boum! Boum!

— Je ne vois rien, vous dis-je, rien que des lanternes qui se promènent dans l'air, des drapeaux qui les suivent, des croissants qui précèdent...

— Vous êtes bien heureux, pour vous l'illusion est complète.

— Un peu trop ; je commence à me...

— Aïe! ganache, vous me montez sur les pieds !

— Eh ! monsieur, je suis fatigué de vivre d'illusion.

— Oui, mais c'est pour moi trop de réalité.

— Je voudrais bien pouvoir en dire autant.

« Pa, pa pa pa, pa, pa pa pa... Pan zin boum, pan zin boum. »

— Vous êtes indiscret, monsieur, ne me serrez pas tant.

— Eh! madame, je suis fatigué de vivre d'illusion.

« Pan zin boum, pan zin boum! »

— Les voilà dans la rue d'Alger! Regardez donc, tout va disparaître, dix mille personnes qui l'enfilent. C'est d'ici bien plus beau, nous distinguerons toutes les musiques.

— Je commence à voir des têtes..., je distingue des épaules... Mais c'est comme une houle... Et les torches qui crachent leurs étincelles, et les perches qui balancent les lanternes... Mais c'est en vérité une lumière d'enfer!

— Un enfer de lumière dites plutôt. Et cette foule qui s'encaisse, comment la trouvez-vous?

— Enchanté, mon cher, enchanté! Demain, je porterai un banc.

— Oui, mais demain, nous n'aurons que la retraite nègre.

— Je porterai mon banc, vous dis-je; il faut que je voie leurs tibias.

« Boum zin boum! Pan zin boum! »

Le sommeil passe là-dessus, un sommeil plein de rêves.

L'Arabe, jusqu'au point du jour, — hors peut-être les houris qui lui tendent les bras, — ne voit que lanternes et lampions et croissants illuminés, n'entend que zin boum boum, musique nazillarde, crachement de torches, crépitation de flamme et youyous prolongés.

Le nègre, croyant gambader, mesure du blanc de l'œil le cercle qui se forme autour de lui, se demande où sont les bâtons de la danse privilégiée, et ramène en un songe béat son tibia mince et luisant.

La négresse se voit assise en attendant son tour, tient d'une main sa cape bleue, qui n'est point du tout un voile, et se promet, quand elle l'ôtera, de faire ressortir l'or de sa gaze par l'excentricité et la lubricité de ses déhanchements.

L'étranger, — celui qui put bien voir, — se berce vaguement sur des ondes de lumière, dans une atmosphère de feux de bengale, entre l'espoir de voir mieux encore et la crainte du mauvais temps. L'autre, — celui qui ne vit que des lanternes, des épaules et des têtes, — ne rêve qu'une chose, c'est qu'il court vers la place, tenant en main un tabouret.

Le Blidéen se sourit d'aise et contemple, sous

le rayonnement de sa joie, les festons de toutes les places et de la place d'Armes particulièrement.

La Blidéenne..., c'est ma rose qui dort, voluptueuse dans son parfum, les pétales quelque peu recourbés, plus fraîche encore qu'au grand jour, souriant dans l'avenir et combinant dans un long rêve tout l'éclat de son épanouissement. C'est tout son corps qui pense, son âme s'y est fondue. Le zin boum boum, dit-elle, et les lanternes, c'est bien beau, et ce feu de bengale bleu et ce jaune et ce vert, et ce rouge éblouissant qui entourera son front d'une auréole rosée; et cette foule immense qui se presse impatiente et les yeux réjouis; et surtout ce hardi plateau, trône des musiciens, qu'entoure le treillis le plus gracieux, dont les couleurs pleines de goût se marient à ravir. Oh! oui, ce trône suspendu, — car c'est de là que partira son bonheur, — ses jambes en frémissent, ses bras s'arrondissent, sa taille s'assouplit, son sein frissonne, son cœur palpite et son âme s'y perd.

Aussi, vienne le jour, quelle gaieté, quel gazouillement! Fera-t-il beau? Eh! qu'importe? On dansera sous le parapluie. Mais non, il ne pleuvra pas. Du siroco? Qu'il souffle à son aise, les robes ne s'arrondiront que mieux, n'en seront que plus légères.

Huit heures sonnent, hâtons-nous. C'est la retraite, retraite arabe, à danse nègre. Bon voyage ! Courons vite à la place ! Dieu ! quelle foule ! On ne peut passer.

— Pardon, monsieur, laissez-nous passer, s'il vous plaît.

— Tout ce que je peux faire, mademoiselle, c'est de vous donner ma place.

— Que chacun fasse comme vous, et je serai la première.

— Il y aurait un moyen, mademoiselle, de n'être l'obligée de personne ; mais vous n'en voudriez pas user.

— Oh ! monsieur, quel est-il ?

— C'est de faire comme je fis un soir, le 15 août, à la place de la Concorde : de marcher avec les coudes, sur les épaules et les têtes, les jambes gigottant dans l'espace...

— Et si l'on me pinçait !...

— Un autre moyen, mademoiselle ; mais il faut que je raconte et vous êtes pressée.

— Ah ! monsieur, racontez, pourvu que j'arrive la première !

— Vous avez peut-être ouï dire que la reine d'Angleterre vint nous voir à Paris. Ce que c'était de foule, de la gare jusqu'aux Tuileries, littéralement comme le soir du 15 août ; impossible de bouger, à peine respirait-on. J'étais au premier rang, boulevard de Strasbourg, avec quelques connaissances. Le difficile, à Paris, c'est de s'en retourner, à moins que l'on ne veuille attendre l'ébranlement de la masse. « Nous en avons pour longtemps, dit la femme de mon voisin, bien belle personne en vérité et toute jeune encore. — Cela dépend de vous, madame ; si vous le permettez, nous marcherons au galop. — Comment cela, monsieur ? — Et nous suivra qui pourra, je ne jure que pour vous. Si votre mari le veut bien... — Trop heureux, mon cher, tirez-nous de là. — Mais je crains fort d'arriver avant vous. — Nous avons du jarret, nous vous suivrons. — Eh bien ! madame, prenez mon bras et quoi qu'il arrive, gardez-vous de lâcher. » Or voilà, mademoiselle, que nous nous mettons tous les deux, la femme et moi, je veux dire, à crier : « Gare là, gare là ! Il est fou, enragé !!! » La foule s'ouvre devant nous, se resserre aussitôt, s'ouvre toujours et toujours se resserre, tout en criant et nous laissant courir : « Gare là-bas !

enragé ! laissez passer ! fendez-vous ! enragé !!! »
Nous n'avions que la peine du galop, les gens
criaient pour nous. Inutile de vous dire, mademoiselle, ce qui arriva ?...

— Qu'arriva-t-il monsieur ?

— Il arriva que... au retour du mari, nous
nous reposions depuis une heure.

— A se reposer, monsieur, je n'en veux pas.
Voyez, j'ai perdu du temps, je serais arrivée
déjà.

— Mais les grilles sont fermées.

— Nous passerons à travers.

— Mieux serait par dessus, mademoiselle,
comme ces enfants, qui se divertissent, là-bas,
sur le plancher, voyez-vous ?

— Qu'ils sont heureux d'être garçons !

— Ils n'en ont pas dormi, ils en rêvent depuis
huit jours ; vous seriez bien malheureuse.

— Silence les tapageurs !

— La musique, voilà la musique ! Ouvrez les
portes ! Si vous n'ouvrez pas, nous démolissons
tout.

— Vous êtes bien pressés ! Attendez qu'on
installe ces lampions ! encore un quart d'heure.

— Ah ! vous le passeriez beau, le quart d'heure !
Nous enfonçons tout.

— Entrez donc !

Et soudain, en masses pressées, coins élastiques, par centaines, sur les quatre faces, simultanément, pénètre, se dilate, s'élargit, prend du souffle et s'élance la foule, au galop, grand galop, hommes et femmes, tout mélangé, sous une voûte de lanternes, de guirlandes et de lampions ; c'est d'un aspect féerique. En un clin d'œil, tous les bancs sont pris, huit cents places au moins ; mais on se serre, on est complaisant, beaucoup même s'étagent par derrière. Et, par centaines toujours, en boule maintenant, — le galop est inutile, — la foule afflue et se pousse dans la salle. Les gradins à stalles, places payantes et trône réservé, six cents ou peu s'en faut, se remplissent avec calme. Mais les gradins et les bancs, ce n'est qu'une couronne ; c'est le milieu qu'il faut voir ! Comme des sardines, littéralement, de huit à dix mille personnes.

— Mademoiselle, etc.

— Je le veux bien, monsieur ; mais nous ne pourrons pas danser, on ne peut pas bouger.

— Nous resterons debout, nous nous regarderons. Cela n'empêche pas le sentiment.

— Mais, monsieur, si l'on ne peut pas danser... ?

— Nous sauterons fort, je donnerai du coude...

— Comme à la place de la Concorde ?

— Non certes, mademoiselle ; je ne veux pas que l'on vous pince. On nous fera de la place, vous verrez. Gare au serpent ! dirai-je.

— Si tout le monde disait comme vous ?

— Dans deux minutes, la place serait nette.

— Mais ce serpent, on pourrait croire que c'est moi.

— Oui, si l'on me prend pour Adam ; car Eve jamais ne fut plus gracieuse.

— Mais point du tout, monsieur, je ne veux pas passer pour un serpent.

— Et moi, croyez-vous que je veuille passer pour Adam ? Rassurez-vous. Mettons-y de l'âme et tout le monde vous admirera. On va commencer, je vois l'archet de M. Spitéri qui donne le mouvement.

« Pan, — pa pa, — pa pan ! »

— C'est un quadrille, en avant !

C'est qu'en effet, c'est un quadrille, quadrille de dix mille. Mon cher voisin, — philosophe, je le sais, — laissons au bal le temps de s'organi-

-ser, de s'éclaircir, de s'échauffer, de s'animer, et voyons un peu ce qui se passe au marché arabe.

— Je vous avoue qu'il faut venir à Blida pour voir un tel spectacle. L'homme le plus sérieux m'en aurait juré, que je ne l'aurais pas cru.

— Pour vous, qui n'êtes pas d'ici, vous ne voyez là qu'une foule. Je regrette que vous n'ayez pas un mois de séjour : sans connaître le nom ni la figure des habitants de Blida, vous les distingueriez tous à un certain laisser-aller, qui n'est point de la négligence, un abandon naturel, qui n'exclut pas la réserve. Leur tenue est décente et soignée, toute digne, mais sans raideur ; leurs mouvements sont instinctivement polis, aisés, gracieux ; ce n'est point la bonhomie, c'est la bonté qui flotte dans leur sourire.

En quelques mois, qui habite Blida n'est plus ce qu'il était. Cela se comprend, on ne peut faire un pas que l'on ne soit enveloppé du sourire de la nature. Ne serait-ce que le jardin Bizot, il y aurait de quoi changer le caractère d'un ours, les manières, c'est certain.

Je ne veux pas vous en faire la description, car je n'en suis pas capable, et du reste, sans que vous vous en doutiez, ce que je vous en dis là n'est que pour terminer ma page et avoir, pour la régularité de mon livre, quelques lignes au verso.

J'aime mieux le jardin des oliviers ; mais que l'autre est beau ! Je comprends qu'on le préfère. Tenez, rien que par l'entrée, tout autour du bassin, nous aurions de quoi faire un livre. Connaissez-vous le jacaranda *mimos æfolia*, si je ne me trompe ? Non ? Ne vous effrayez pas, c'est pour faire le savant que je l'appelle ainsi, c'est tout simplement le palissandre, qui n'en est pas moins beau. Mais.. ma page déborderait. Une autre fois, voulez-vous, grâce à M. Gay, qui m'apprend tous ces mots, je vous le décrirai en entier.

III.

Danse arabe. — Place du marché arabe. — Danse des nègres. — Que fait qui valse. — Où l'on en vient. — Orchestre arabe. — Fatma et Aïcha. — Singuliers goûts. — Il faut de l'épicé. — Réserve dédaignée. — Costume de Fatma. — Vœux des soupirants. — Bonheur du chef d'orchestre. — Danse d'Aïcha. — L'auteur rougit. — Une dame qui chuchote.

— Entendez-vous la musique arabe? C'est une danse aussi, à quatre temps, traînante et lente, comme vous voyez, entre hommes seulement ; une bourrée majestueuse, sans figure, sans trépignement, toujours d'avant en arrière et d'arrière en avant, toute grave, sans démonstration ni gestes, à peine quelques signes de tête, légères nutations et courbure de dos, — comme la danseraient nos évêques, en aube et en mitre, sous les yeux de leurs fidèles, en pleine messe et au milieu de la nef. Leur instrument, c'est la raïta, vraie cornemuse, moins le sac et l'embouchure, qui n'est point la même.

— C'est une belle place que votre marché arabe.

— Elle est loin d'égaler la place d'Armes. Mais tels qui l'auraient n'en seraient pas mécontents. C'est un trapèze à cinquante-sept platanes, en double rangée aussi, qui arrondissent les quatre angles. Le jardinier qui, à leur début, façonna le siège en polisson, n'est plus de ce monde, je suppose ; magnifiques platanes, dont quelques-uns me paraissent être vieux. Nous n'aurions qu'à le demander, nous le saurions au juste.

Voici les nègres qui dansent en rond. Leur musique, à eux, c'est le tam-tam, qui leur précipite un six-huit, accompagné du son sec et métallique de leurs longues castagnettes.

Comme les Arabes, c'est entre hommes qu'ils dansent. On voit clairement par là que la danse dans l'origine n'avait pas le but que nous lui donnons.

Ils ont un costume de circonstance, longue chemise à capote, en lustrine, qu'ils serrent d'une ceinture et qui devient par le fait une blouse à capuchon, — lustrine bleue, ou rouge, ou verte, ou jaune, ou noire, ou blanche. Sur cette peau noire et luisante, la couleur verte est d'un effet fantastique ; le rouge et le jaune sont moins tranchants, ou du moins le paraissent, car peut-être le sont-ils davantage ; le blanc est rude et donne une impression désagréable.

Sous le reflet de toutes ces lumières, on dirait sept ou huit démons qui préparent en gambadant quelque scène à sortilège, ou travaillent à une évocation.

J'aime beaucoup cette ronde monotone, pantomime rythmée, où, périodiquement et à l'un des temps forts, se retournant en mesure et brusquement, un sur deux, celui qui précède, fait volteface à celui qui le suit, tous deux levant le bras et les deux baguettes se frappant, — un seul coup, pas davantage, sec et claquant. Sont-ils en colère ? Le grognement qu'ils poussent pourrait le faire croire ; mais bien fin qui le distinguerait.

Leurs danses sont monotones, mais plus variées, plus vives, plus animées que celles des Arabes. C'est une pantomime perpétuelle, qui dit plus que les nôtres. Nous n'avons, nous, que le quadrille qui parle. Toutes nos autres danses sont d'une monotonie désolante, et de toutes, la plus caractéristique, c'est la valse.

La valse est un enlacement gracieux, mais encore n'est-ce qu'un enlacement, et le sens en est subordonné au plus ou moins d'esprit du danseur. Que cela dure dix minutes, si l'on n'a un peu d'audace, il y a de quoi rendre fou ; car que peut-on se dire en telle situation, surtout quand on ne se connaît pas? Il n'y a vraiment qu'un langage possible, le seul qui ne soit pas un non-sens, c'est, pour le cavalier, de faire d'abord des compliments à sa danseuse et de lui tourner ensuite une déclaration plus ou moins banale, — qu'elle ne peut raisonnablement repousser, puisque, dès la première note, c'était un fait tacitement admis. Tout bien réfléchi, la valse n'est qu'une conséquence, c'est avant de se prendre qu'il fallait faire et accepter la déclaration.

— Mais, monsieur, point du tout : en me mettant dans vos bras, j'ai fait comme tout le monde; c'est de convention sociale, cela ne m'engage à rien.

— Je le veux bien, madame; s'il vous déplaît que je vous aime, prenez aussi ma déclaration comme de convention sociale; que je n'aie parlé je vous l'accorde, que pour n'avoir pas dans vos bras une tournure de bête, et pour vous donner à vous-même l'occasion de faire valoir votre esprit.

— Mais, monsieur, si vous aviez de l'esprit, vous me parleriez d'autre chose.

— En effet, madame, je suis géomètre, vous le savez, voulez-vous que je vous parle de triangles ?

— On peut parler du temps.

— Il fait bien chaud, et puis ?

— Il y a un peu de siroco.

— C'est vrai, madame, et puis ?

— Et puis... Il y a tant de choses dont on peut parler.

— Pour moi, madame, je ne vois que vos grands yeux et vos lèvres de rose, votre sourire qui vous désapprouve, et mon cœur qui bat sur le vôtre, et tout géomètre que je suis, je vous déclare qu'au risque de me faire pourfendre, je vous dirai jusqu'à la dernière note, que vous êtes la plus aimable des femmes, que le destin nous a cruellement traités en ne nous faisant pas connaître plus tôt, et que probablement j'en mourrai de désespoir.

Et, cela, mon cher, à propos de la danse nègre. Quand je vous disais que ces huit démons me préparaient un maléfice. Allons-nous-en, venez. Je veux vous faire voir une danse toute différente, la danse des Mauresques, tout près d'ici, dans la rue Bab-el-Rabba, à gauche, en montant, en face de la rue Bou-Alem.

Celle-ci est plus calme que la danse nègre, que la danse française, que la danse arabe même. Ce n'est pas une danse, ce nom lui est improprement donné.

Sur une estrade très étroite et adossée au mur, trône l'orchestre, cinq personnes en tout, trois hommes et deux femmes. Au milieu, entre les deux femmes, gracieux et intéressant, — c'est ce qu'il croit, — assis ou plutôt accroupi, et le violon appuyé sur le genou gauche, le manche obliquement dirigé contre le cœur, et la main l'enserrant de gauche à droite, — se pavane le chef d'orchestre, qui ondule son cou aux allures de l'archet.

Il chante, — c'est une condition de son jeu, — chant mélancolique, grave et lent, que j'aime beaucoup, je dois le dire.

Chant de danse, ou de synagogue, ou de mosquée ; bal, ou noces, ou concert, c'est toujours le même genre ; les paroles seules sont changées.

Il sourit parfois à Fatma, — non pas le chant, — qu'il touche du genou.

Qu'il est heureux, ce chef d'orchestre... de promener son archet, la main droite par-dessous, comme on pousse une navette ; nonchalamment appuyé contre le mur, le gosier vocalisant, les lèvres syllabant, les yeux tournés vers le plafond, et la tête ondulant toujours.

A ses côtés, l'une ici, l'autre là-bas, Fatma et Aïcha, figure découverte, accroupies aussi, un tam-tam sur les genoux, en forme de potiche, et soutenu de la main gauche, — jolies, cela pourrait être, — belles, c'est bien difficile, — chantent à pleine voix, s'accompagnant de la main droite, et roulant leurs yeux noirs sur la foule, qui les admire.

Car, ainsi faits, nous admirons toujours ce qui flatte nos sens, notre chair, je veux dire.

Que vient-on nous parler d'esthétique, de sublime et de beau ? Allons donc, radoteurs que vous êtes ! Mille Vénus de Milo nous laisseront presque indifférents ; celles-ci qui s'avachissent, paresseusement accroupies, chairs flasques sur une banquette..., tendez un peu l'oreille...; entendez-vous tout autour de vous comme un bruire de halètements ? « Eh ! que m'importe, à moi, me dit-il, la beauté de vos vers, la richesse des rimes, la propriété de l'expression, le velouté de la forme et la grâce du ciselé, si mon corps reste froid, si mes fibres ne palpitent? » Il a raison assurément; notre chair est ainsi faite, il nous faut de l'épicé, un épicé même dissolvant.

Fatma donc est la plus gracieuse, — grâce de volupté, je veux dire, et encore de volupté..., coup de plume euphémique. Ne confondez pas avec ma Blidéenne. Gracieuse donc, vous comprenez... Œil vif, je le veux bien, mais un peu noyé; poitrine, du reste, qui n'est pas de première jeunesse.

— Eh! monsieur, vous êtes bien difficile! Lisez tel livre, qui la trouve charmante, belle et jolie, au-dessus même des Françaises.

— Eh! justement, mon bon, c'est bien là ce que je dis. Comme il en fut un peu dans tous les temps, nous donnons la préférence à ce genre de beautés. Nous n'aimons pas ce sourire français, qui nous dit: « Vous savez? Je suis de rose, d'œillet quelquefois; j'ai du parfum et du piquant, mais noblesse oblige; je suis né des lèvres de Vénus, et malgré vos goûts, j'aurai toujours quelque réserve.»

Élégante chemise de gaze, à manches courtes

et à dentelles, qui ne s'entr'ouvre sur le sein que juste ce qu'il en faut pour stimuler vos désirs, et vous permettre d'imaginer mieux qu'elle ne voile ou ne recèle ; toute petite calotte perlée d'or, arrondie en forme de corbeille et gracieusement inclinée sur le côté, mais sans brides, comme en a la *chachia* (1), et point du tout rattachée sous le menton ; riche collier de perles et plastron de pièces d'or ; bracelets d'or aux mains, c'est le *m'saïs*, — un joli mot, — bracelets d'or aux pieds, c'est le *m'kaïs*, — non moins joli, plus gracieux même à prononcer. — Corsage ou veston brodé ; ample pantalon turc, qui s'arrête à la cheville ; et, en guise de robe, la *fouta*, — sorte de pagne qui l'enserre de la ceinture au milieu de la jambe, pas plus bas, se joignant sur le ventre, et de là, non sans voulu, se fendant graduellement ; et le tout d'étoffe brillante, soie rose ou de couleurs diverses, sauf le pantalon, qui est blanc. Babouches de couleur aussi et aussi brodées d'or, mais qui ne peuvent dissimuler un grand pied, — que n'a pas la Française ; — mains petites, il est vrai, aux ongles rougis par le henné ;

---

(1) Coiffure des Mauresques, petit bonnet en forme de diadème fermé, non à bandes.

cheveux noirs d'un beau lisse, raides malheureusement ; cils teints et sourcils teints; grandes oreilles, œil magnifique, traits un peu gros, bouche grande et lascive, et sourire canaille, qui se plisse au coin des yeux.

A sa droite, et à la gauche d'Aïcha, sont les deux accompagnateurs, — le tout formant un orchestre langoureux, quelque peu criard, placide, sans émotion, mais qui enveloppe mon âme d'une douce mélancolie.

Et au pied de l'estrade, sur les côtés, quelques fougueux adorateurs; les uns sont pour Fatma, les autres pour Aïcha. Ils leur parlent souvent, ne les quittent pas des yeux, voudraient toucher leurs mains, le bout de leurs doigts, consentiraient à moins encore, chantent avec elles et attendent fiévreusement le moment où elles descendront. Et le chef d'orchestre, qui s'en aperçoit, ondule son cou tout en chantant, roule ses yeux sur le côté, pousse toujours sa main droite, et penche enfin la tête vers Fatma, qu'il touche du genou, d'un petit coup qui n'en dit pas peu. Et Fatma, qui chante aussi à pleine voix, lui rend son regard langoureux, qu'elle accompagne d'un large sourire.

Est-il heureux ce chef d'orchestre... de promener son archet, la main droite par dessous, comme on pousse une navette; nonchalamment appuyé contre le mur, le gosier vocalisant, les lèvres syllabant, les yeux tournés vers le plafond, et la tête ondulant toujours!

— Où sont les femmes qui danseront?

— Les deux de l'orchestre d'abord, une troisième aussi, peut-être une quatrième, mais d'habitude seule à seule. Elles danseront plusieurs à la fois, s'il nous survient un haut personnage.

Comme je vous l'ai dit, ce n'est pas une danse, c'est tout au plus un déhanchement, un déplacement plus ou moins partiel, plus ou moins total de la région ombilicale, et, plus ou moins luxurieusement, une invitation à des sentiments naturels.

Aïcha descend : voyez, comme elle est lourde! quelle différence avec ma Blidéenne!

— N'est-elle pas de Blida?

— Je l'ignore, et le saurais-je, je n'en serais pas décontenancé : une Mauresque qui se déhanche ne saurait infirmer mon raisonnement. Elle n'entre pour rien dans l'idéal que je me suis fait en décrivant la Blidéenne.

Que celle-ci donc soit de Blida ou n'en soit pas,

je constate qu'elle est lourde, et nous verrons que Fatma n'est guère plus légère.

Elle est payée pour danser ; elle fait néanmoins des difficultés. Mauvais genre qu'elle se donne, comme pour faire croire à sa pudeur.

Enfin, elle commence. Elle a comme un foulard dans chaque main, deux fanions de gaze, de couleur différente, qui lui sont de je ne sais quelle utilité. Pour se donner une contenance? Je le veux bien. Elle les tient par un bout et les fait très simplement flotter devant elle, à la hauteur de la ceinture, en portant simultanément les mains, et les croisant sur le poignet, la gauche à droite par dessus, la droite à gauche par dessous, et à l'inverse au mouvement qui suit. Elle fait deux pas d'un côté, s'arrête tout à coup, tient le buste à peu près immobile, déplace légèrement son centre de gravité et commence un déhanchement.

C'est de dos que je l'ai sous les yeux. Je ne vois rien, ou c'est tout comme, sinon que tout son système semble se déplacer, s'en aller dans un sens, puis revenir, monter parfois, descendre ensuite et s'échapper sur l'avant ; et me faut-il encore y mettre un peu d'imagination. J'entrevois qu'il y a un effort des reins, mais je ne l'affirmerais pas. Les vêtements, quoique serrés, empêchent l'analyse.

Par devant, c'est plus sensible (1).

C'est ici que la description devient difficile et la situation brûlante : de quelque décence qu'on le voile, on n'en est pas moins en face d'un ventre, un ventre qui se tord de toutes les manières.

Ce n'est point exact; car je laisserais croire par là qu'il y a gêne ou douleur. Non, bien au contraire : il s'agit de simuler, de représenter avec un raffinement d'invention, un réfléchi satanique, les détails les plus voluptueux, les plus fouillés, les plus froidement sentis d'un délire inavouable.

Et cela vingt minutes durant, prenant les hanches comme point d'appui et comme limite d'évolutions, c'est un ventre qui se déplace, qui monte ou descend, se gonfle ou se comprime, va lentement de droite à gauche, revient à droite comme fondu, comme un flot qui se glisse et forme une onde en bourrelet, tantôt se creuse vers le mi-

---

(1) « C'est une suite de torsions lascives, d'attitudes pâmées, de balancements voluptueux. Lorsque la mimique est trop lascive, la danseuse se voile comme pour cacher de furtives rougeurs. » (Mallebay.)

lieu, se gonfle encore et se déprime dans le bas, s'arrête parfois comme pour frissonner...

Elle porte alors ses mains devant les yeux, — son corps étant abandonné, laid, pense-t-elle, de délire ; — elle fait semblant de rougir, fait aussi semblant de sourire, baisse la tête, remue encore un peu, se balance nonchalamment, pousse un soupir et s'arrête...

Ses mains reviennent à la ceinture et ses fanions voltigent de nouveau ; sa pudeur s'enhardit de l'expérience qu'elle vient de faire ; ses yeux noirs, qui sondent les cœurs, lui conseillent l'audace ; ses bras se croisent, vont et s'agitent, plus encore rapides ; ses traits s'animent et semblent se colorer ; son front se relève et supporte les regards, on croirait même que son sein palpite.

Et le déhanchement se prononce toujours, de plus en plus voluptueux, lascif, perdu, pourrait-on dire. Rien ne l'arrête, point de sergents ; son œil du moins n'en voit aucun. Elle suit la musique et le chant de Fatma, chant voluptueux et traînant, qui s'anime, s'accélère, se précipite, l'encourage, l'excite et la presse et la pousse et la suit.

Point de repos, rien qui ne marche dans ce

ventre, chaque fibre est un acteur. Elle triomphe, on va l'applaudir, ses yeux s'égarent, sa tête se détourne, son cœur se perd, son âme se fond, ses pieds chancellent, sa fouta frémit, ses lèvres s'entr'ouvrent, c'est un halètement, c'est un dernier soupir, c'est enfin... Vous rougiriez comme elle, je rougirais peut-être aussi, je ne veux pas vous le dire.

Réflexion : ce n'est pas beau.

— Comment, vous n'osez pas décrire ce que le public est admis à contempler, les enfants même de tout âge, comme vous voyez? C'est pousser bien loin le scrupule et voir du mal où il n'y en a pas.

— Vous avez raison, madame, c'est ce que je me dis, et j'en conclus que l'on peut voir impunément des choses que je n'ose pas décrire.

— Il faut croire, monsieur, que vous avez l'esprit porté au mal. Je ne vois là que des contorsions plus ou moins difficiles.

— Dans ce cas, madame, je vous demanderai pourquoi souvent vous souriez et chuchotez discrètement à l'oreille de votre mari?

— A une telle question, monsieur, toutes les filles resteraient muettes.

— J'en serais désolé, madame, je cours vite les faire danser.

IV

Réflexions de M. Bertrand. — Chéri et Minette. — Portrait du valseur. — Que ne suivons-nous la nature? — Pourquoi danse-t-on? — Le philosophe qui nous le dit. — Dieu nous approuve. — Combien de monde? — Calcul invraisemblable. — Où loge-t-on? — Rêve de M. Spitéri. — Le galop. — Mélanie, Henri, Léa. — Compère Adurot. — Galop à quatre. — Vœux couronnés. — Que voudrait encore le lecteur? — Mila et la plaine.

C'est une mazurka. Contemplons quelques instants pour prendre le degré de l'atmosphère.

— Soyez le bienvenu, M. Bertrand; vous ne dansez pas?

— Si j'avais comme vous, jeune homme, le don de plaire à ceux qui ne m'aiment pas, c'est en effet dans la danse que je chercherais des délassements. Avec une candeur qui sied bien à votre jeune âge, vous n'êtes point éloigné de croire, et je serais tenté de croire comme vous, que cette pose gracieuse que votre naturel vous inspire, vous vaut de commencer par où nous finirions, et de finir par où nous avons la sotte prétention de commencer. Vous plaisez avant d'aimer, vous vous faites aimer de qui vous plaît : nous aimons avant de plaire, et nous ne plaisons qu'à qui nous aime.

— Permettez-moi, monsieur, de ne pas vous suivre dans votre humoristique développement. Venez donc danser comme nous et vous vous ferez aimer de qui vous plaira.

— C'est la danse, je le sais, — je voudrais en user comme vous, — c'est la danse, jeune homme, qui vous donne cet avantage. L'éclat de la lumière, le mouvement du corps, l'agitation du sang, la couleur des pommettes, le feu du regard ; le désir que nous avons de plaire, d'obtenir un sourire et par suite de l'amour ; tout nous anime à tel point que la danse dissimule ce qui, de sang-froid, ne saurait être caché, et que nous voyons chez les autres bien des qualités qui nous échapperaient dans la gêne d'un tête-à-tête ou la froideur du salon.

—Vous êtes désolant, M. Bertrand ; vous serez donc toujours dogmatique, j'allais dire original ?

— Voyez-vous, là-bas, ces deux têtes blanchies qui s'avancent vers nous?...

— Par qui blanchies?

— Par les années. J'exprime ainsi qu'elles sont vieilles, toutes vieilles. C'est Chéri et Minette. Tout petit corps, Chéri, — Minette pas plus grande. Ils ne sont pas de Blida. Frais visage, front découvert, œil réjoui, mouvement presque vif. Bon vieux ménage qui tendrement s'aimait, et qui soupire, en mazurkant, les souvenirs de ses illusions.

   Ah! qu'ils sont heureux
   De danser entre eux!

Suivons-les : que j'entende ce qu'ils se disent à l'oreille.

— Pour moi je vais danser.

— Après la danse, je vous attends : j'ai encore quelques réflexions à vous faire.

— Oh! alors, tant que vous voudrez.

MINETTE

Chasse, chasse,
Et tourne avec grâce,
Chasse, chasse,
Pied droit en avant.

A tout âge
On trouve avantage,
A tout âge,
A danser souvent.

CHÉRI

Oh! je danse
Toujours en cadence,
Quand je danse
Sous ton œil vainqueur,
Qui pétille,
Ma toute gentille,
Qui pétille
Et perce mon cœur.

MINETTE

Chasse, chasse, etc.

CHÉRI

Nos années,
Fleurs vite fanées,
Nos années
Vieillissent d'ennui :
Ma Minette,
Jadis blondinette,
Ma Minette,
Comment aujourd'hui?

MINETTE

Chasse, chasse, etc.

CHÉRI

Je convie
Aux pleurs de la vie,

Je convie
Tous les imprudents,
Quand je songe
Que tout est mensonge,
Quand je songe
A tes belles dents.

MINETTE

Chasse, chasse, etc.

CHÉRI

Que conclure
De la chevelure ?
Que conclure
De ce beau chignon ?
Et que croire
De ces dents d'ivoire ?
Et que croire
De ce pied mignon ?

MINETTE

Chasse, chasse, etc.

CHÉRI

La bottine
Est une mutine,
La bottine
Qu'on entend gémir :
Elle serre,
S'obstine et macère,
Elle serre
A faire blêmir.

MINETTE

Chasse, chasse, etc.

CHÉRI
La perruque,
Qui couvre la nuque,
La perruque
Vient du perruquier,
Qui l'a prise
De quelque sœur grise,
Qui l'a prise
Chez quelque fripier.
MINETTE
Chasse, chasse, etc.
CHÉRI
Ma rainette,
Chéri vaut Minette,
Ma rainette,
Quoiqu'il ait maigri ;
Mais Minette
N'est plus mignonnette,
Et Minette
Vaut-elle Chéri?
MINETTE
Chasse, chasse, etc.
CHÉRI
Qui croit faire
Une sotte affaire,
Qui croit faire,
Quand tout est riant,
Ma poulette,
Faire une boulette,
Ma poulette,
En se mariant?

CHŒUR
Chasse, chasse
Et tourne avec grâce,
Chasse, chasse,
Pied droit en avant.
A tout âge,
On trouve avantage,
A tout âge,
A danser souvent.

Oh! la danse! jeune homme; sans parler de ce qu'elle dissimule, que de qualités elle nous fait voir! Que de poses elle produit dont rien ne nous donnerait l'idée! Mes maîtres auraient dû me faire peintre. Je sacrifierais la moitié de mon bonheur pour vous présenter votre portrait! Nous admirerions ensemble, et vous peut-être plus que moi, cette gracieuse encolure, toujours souple et arrondie, qui vous permet de compter les cheveux de votre belle; ce regard langoureux, parfois vif et enflammé, qui va mourir dans les plis d'une dentelle inhumaine; et ce beau front qui se penche, le plus souvent rêveur, et va presque s'humecter au contact d'une tresse; et ces lèvres, pâles de désir, qui murmurent, dirait-on, contre un tissu jaloux! Ah! jeune homme, que la nature est féconde! Qui pourrait sonder l'abîme de bonheur qui les sépare d'une épaule d'ivoire?

Vous trouveriez, j'en suis sûr, un plaisir plus grand encore à contempler cet être mignon que vous semblez ne pas serrer de vos doigts délicats ; cette coiffure brillante où nul parfum ne domine ; où quelques fleurs, choisies sans vanité, étalent leur modestie.

Et ces accroche-cœurs, charmantes frisettes, comme ils s'enroulent sous l'huile qui les maintient ! Que d'esprit dans ces bandeaux luisants, qui s'arrondissent sur la tempe ! Que d'esprit dans ces quelques cheveux qui s'allongent en nappe et menacent les sourcils ! Si l'art n'y est pour rien, n'est-ce pas le comble de la modestie que de voiler sans ménagement cette partie du front qui nous distingue de la bête ? Pour le moins, devons-nous dire que c'est un sentiment délicat de ne point faire parade de ce que les bêtes pourraient envier.

Que d'esprit dans ces sourcils, qui le matin encore, étaient d'un blond d'enfant ! Comme ils ont su en quelques minutes se jouer des grâces de la nature ! Et les dents... Oh ! les dents, n'en parlons pas : cela nous rapproche de la bête, et c'est encore par modestie et pour ne point faire de jaloux que l'art vient corriger la nature...

Ce que vous admireriez surtout, jeune homme, et que vous ne pouvez voir quand vous dansez, c'est le rapprochement de deux bustes inégaux, qui tournoient ou se balancent comme un seul corps sur quatre pieds. La nature abonde en ressources qu'elle met à notre disposition; elle est délicate dans ses dons et dans ses produits; elle nous laisse la finesse de l'invention.

C'est une valse, ne les troublons pas.

— Oh! monsieur Spitéri, que d'heureux vous faites en ce moment! Voyez-vous par centaines, par milliers, ces danseurs, qui se balancent sous vos accords, tournoyant tout radieux, main dans main et corps à corps; et par centaines de groupes, par milliers, ces quatre yeux, dont deux voudraient comprendre et deux être compris? Car, si la danse fut inventée, ce n'est pas, je suppose, pour nous apprendre à glisser ou frapper du talon, à courir ou bondir en cadence? Les chèvres et les boucs en feraient tout autant. Ce n'est pas non plus pour nous permettre de dire à l'oreille ce que nous dirions à tout le monde et tout haut; encore moins, j'aime à croire, pour nous faire danser muets : à ce compte, les morues danseraient mieux que nous. Convenez-en : si nous y tenons, c'est pour quelque chose, et ce quelque chose n'est point ce que je viens de dire. Non, non, ce n'est point pour faire admirer la monotonie de deux têtes, dont l'une, dominant l'autre, — qu'elle voudrait rencontrer, — se place, par trois temps, où l'autre ne l'attend pas. Comme deux balanciers qui oscilleraient en sens inverse, elles ne se voient que lorsqu'elles se fuient. Quand le troisième temps, leur accordant du repos, les invite au bonheur qu'elles recherchent, elles retracent stoïquement l'ondulation qu'elles ont cent fois parcourue. Elles se regardent encore au milieu de leur course, et se fuient d'autant plus vite qu'elles sont plus rapprochées. C'est une loi que la nature nous impose; tous les astres y sont soumis. Tout au plus leur est-il permis, au sommet d'un cône d'ombre, de s'effleurer légèrement. Moments rapides, mais précieux ! Oh ! dirai-je encore, qui pourrait sonder cet abîme de bonheur? Qui même s'en doute, si ce n'est, là-bas, tout au coin, ce philosophe...

Qui note tout, qui note faits et gestes,
Regards brûlants, soupirs, paroles lestes,

Pas retardés, haltes ou contre-temps,
Pieds maladroits qui se heurtent, s'accrochent,
Main qui se risque et lèvres qui s'approchent,
Gaze qui glisse et fuit, seins palpitants...

Mais ne lui demandons pas trop : il pourrait nous effrayer. Si la joie fait peur, ce serait le cas de le dire ; non celle que l'on éprouve, mais celle que l'on voit.

Et pourtant, quoi de plus juste que deux astres qui se balancent ou gravitent dans l'espace, s'adressent, en un coin d'ombre, un sourire d'amour ? Dieu, je suis sûr, leur pardonnera cette peccadille ; qui sait même s'il ne l'inspire pas ? Sommes-nous donc tellement heureux, et les astres comme nous, pour que Dieu ne nous prenne pas en pitié ? Et ne doit-il pas gémir de la sévérité de nos lois ?

« Souriez, dit-il, belles lèvres de corail. Aimez-vous ce soir, aimez-vous demain, têtes folles qui ondulez. Donnez-vous silencieusement les rayons de votre âme et les soupirs de votre cœur. »

« Aimons-nous, aimons-nous ! répètent en chœur les deux têtes folles. Que je puise dans les regards les rayons de ton âme, que ton souffle embaumé me transmette les soupirs de ton cœur ! »

« Aimez-vous, leur dit-il encore, têtes folles, aimez-vous ! mais s'il m'est permis de vous donner un conseil, — le monde est si méchant ! — ne le faites que dans l'ombre. »

Ainsi ferons, et grand merci ! »

La musique s'arrête et les danseuses retournent à leur place, suivies ou précédées de leurs cavaliers ; car, de marcher bras à bras, l'idée n'en vient à personne. Attendons pour cela que le bal se dégage un peu.

On aurait beau le répéter, c'est vraiment incroyable : combien de monde, se dit-on ? Deux mille, trois mille... Allons donc ! Faites le calcul le plus simple et vous en aurez une idée. Nous avons déjà noté les stalles et les bancs, qui accusent de treize à quinze cents personnes : voyez un peu comme on y est serré, et concluez pour deux mille au moins. Debout, derrière les bancs, venus là seulement pour voir, calmes et immobiles, — l'espace est grand, vous voyez, — mettons-en mille. Je ne parle pas de ceux qui entourent l'enceinte, en dehors du treillage ; et pourtant, ne sont-ils pas de la fête ? On ne peut pas circuler : deux mille, c'est peu dire. Et sur le plancher ? Le calcul est facile : cinquante mètres de côté, soit deux mille cinq cents, réduisons à deux mille, — quatre personnes par mètre, c'est huit mille, si je ne me trompe.

— C'est une folie que votre calcul! Vous arriveriez à...

— Pas si fou que vous le croyez : la preuve en est facile. Visitez en pensée l'intérieur des maisons, vous n'y trouverez que les petits enfants, et, pour chaque famille, une personne qui les garde ; ce qui certainement nous donne au dehors, c'est-à-dire sur la place d'Armes, — sauf quelques curieux qui visitent le reste de la ville, — sur dix-neuf mille, déduisant aussi les Arabes, qui se tiennent dans leur quartier, — trois mille au moins, c'est calculer bien bas. Quinze mille étrangers, c'est pour sûr n'en compter que la moitié, — qui tout naturellement viennent s'entasser avec nous sous nos lampions et nos guirlandes...

— Où logent donc ces étrangers ? Tous les garnis sont pleins, pas une chambre, même à vingt francs.

— Dans les garnis d'abord, ce sont eux qui les remplissent ; quelques centaines, supposons, chez des connaissances ou des amis, et tout le reste au chemin de fer...

— Au chemin de fer?

— Eh! oui, et fort heureux. C'est là qu'ils ont leur valise et c'est là qu'ils se rendront quand le bal sera fini. Ils partiront presque tous à trois heures, quatre heures, six heures, — un grand nombre pour revenir quelques heures après; car le bal recommencera demain.

— Il faut être enragé!...

— Ah çà! mais vous qui raisonnez si bien, vous êtes de Bou-Farik, où logez-vous, s'il vous plaît?

— Ah! vous êtes bon, vous!... Vingt minutes de chemin de fer, seize sous d'aller et retour, et je me logerais à vingt francs?...

— Vous voyez donc bien que nous sommes d'accord. Comptez-en beaucoup qui rajustent leur cravate aux glaces des cafés.

— Mais ceux qui viennent d'Oran, de Constantine, etc.?

— Pour beaucoup, c'est longtemps à l'avance que les places sont retenues; pour les autres, mon cher, ils logeront à la belle étoile.

Les heures donc s'écoulent gaiement. M. Spitéri peste bien quelque peu, car il voudrait danser ; mais ce qui le console, c'est de voir qu'on est ravi de son orchestre. « Pourtant, se dit-il, un tour de valse..., rien que pour dérouiller les jambes... Mais non. Coulez, coulez, heures lentes et douces..., douces pour les autres, oui ; pour toi aussi, mon frais palmier. Que bienheureuses sont tes branches! Ah! puisses-tu garder longtemps le souvenir de nos accords! Le siroco souffle parfois ; le diable emporte le siroco! Les étoiles descendent vers l'horizon... Le soleil probablement monte de l'autre côté... Les rangs de mes danseuses commencent à s'éclaircir... Deux heures et demie... Ma montre retarde apparemment... Oh! les horlogers!... Trois heures bientôt... Le jour viendra, il faut le croire... »

Il en était là de ses réflexions...

Quand soudain la musique entonnant le galop : fa la ré, fa la ré, la do mi, la do mi, qui par ci, qui par là, tout le monde s'élance ; on se courbe, on salue, on sourit, on se prend.

— Mais, monsieur, point du tout, j'ai promis à monsieur.

— Désolé sur ma foi, je n'ai plus qu'à me pendre.

— Attendez à demain, nous irons vous y voir.

— Non, j'y cours de ce pas et me pends haut et court.

— Bon voyage ! monsieur. Vite à moi cavalier !

— Grand merci, Mélanie, courons vite au galop.

— C'est trop vite, ah ! mon Dieu ! qu'allons-nous devenir ?

— Voyez-vous Dorothée qui bondit plus que nous, et Léa qui s'élance et Marie à trois pas ; le plancher qui poudroie, les bottines qui grincent, le courant qui s'en va, qui s'enfuit, qui tournoie, qui revient, qui gémit, qui s'essouffle, qui sue ; qui se coupe ahuri, se traverse, s'accroche, et se fâche, et s'emporte, et reprend le galop ; le galop qui grandit, qui frémit sur le pas, prend du tour, se condense, et se serre, et mugit, et se heurte, et gauchit, et rugit, et chancelle, et s'arrête un éclair de seconde et repart, bondissant, bavardant, minaudant, riant fort, bras sous main, nez à nez, pieds dans pieds, corps à corps, lèvre à lèvre.

— Halte-là ! c'est trop fort, vous mentez !

— Je riais. Mais voyez quel sourire et quels yeux, et la gaze entr'ouverte, ou trop claire, ou craquant, et ce flux, ce reflux de poitrine à poitrine. En avant! la musique, et plus vite et plus fort! Clarinette et trombone, en avant, c'est le cas. « Fa la ré, toi la basse, en avant! « Fa la ré. »

« Fa la ré, fa la ré, la do mi, la do mi! »

— Ah! de grâce, monsieur, laissez-moi reposer, je me meurs, je succombe.

— Du repos? quoi, madame, au galop, du repos? Vous si fraîche et si belle, et si ferme et si jeune!

— Ah! monsieur, trop heureuse...

— Eh bien donc, en avant!

— Nous vois-tu, Mélanie?

— Qui me parle?

— Eh! c'est moi!

— Toi Léa, mon amie, quel bonheur! Tu comprends?

— Je le vois, je te laisse au bonheur qui te berce; au revoir! je bondis dans le flot qui m'entraîne.

— Suivons-la, Mélanie, bondissons plus fort qu'elle.

— Que nenni, mon ami, modérez vos transports.

— Qu'elle est belle, grand Dieu! Mélanie, suivons-la. C'est Léa, je suis fou, que je saute avec elle, il le faut : je le veux, rien ne peut m'arrêter

— Eh! merci, cavalier!

Patatras!

— Oh! là là!
— Qu'est-ce là?
— Oh! là là!
— Déchaussés et meurtris, deux fort beaux cavaliers, culbutés, terrassés.

C'est Léa, Dorothée, front tout pâle, œil hagard, bras pendants, bouche ouverte, attendant qui les prenne.

— En avant! Dorothée, ma Léa, Mélanie, trois pour moi, ce n'est trop.

— Moi, Léa, dans ses bras! quelle farce! ô bonheur! Dans ses bras Mélanie, Dorothée dans nos bras, tous les quatre au galop!

« Fa la ré, fa la ré, la do mi, la do mi! »

— Voyez donc, ô merveille! un pour trois, ils sont quatre! Henri seul pour Léa, Dorothée, Mélanie.

— Ah ah ah! ah ah ah!
— C'est Henri l'inconstant, c'est Léa la rieuse.
— Ah ah ah! ah ah ah!

« Fa la ré, fa la ré, la do mi, la do mi! »

— Que fais-tu, Mélanie? tu le prends pour toi seule!

— Eh ! du tout, ma Léa, je le gare de toi.

— Mais je n'ai que deux mains, malheureux que je suis ! Pour Léa c'est la droite, et la gauche...

— Ah ah ah !

— Est pour vous, Dorothée.

— Ah ah ah ! Sautez donc !

— Grand merci ! rien pour moi ?

— Vous, le cœur, Mélanie.

— C'est un cœur d'artichaut, Mélanie, sois heureuse !

— Il ne peut me donner, toute chère.....

— Ah ah ah !

« Fa la ré, fa la ré, la do mi, la do mi ! »

— Arrêtez ! que font-ils ? Ce n'est point dans la règle !

— Eh ! compère Adurot, laissez-les galoper. Au contraire, comme eux, en avant, courons tous, trois à trois, quatre à quatre ! Hé ! la basse, hé ! là-bas !

« Fa la ré, fa la ré ! »

— Tu ris trop, ma Léa.

— Quel galop, Mélanie ! Dorothée, tiens-le bien, il voudrait s'échapper, se gaudir, l'inconstant, de nous trois ; tiens-le bien !

— Mais c'est lui qui me tient, qui m'approche, et me serre, et m'étreint, et m'étouffe.

— Hé! là-bas! que fait-il? Ce n'est point dans la règle!

— Eh! compère Adurot, rien de mal, laissez-les. La gaieté, la folie, quoi de mieux ? Vous aussi, venez donc, Adurot; nous rirons, sauterons, bondirons.

— Le voilà, ah ah ah! tout riant, s'égayant, galopant, entraîné, le compère Adurot. Hé! la basse, hé! là-bas!

« La do mi, la do mi! »

— Quel galop, Mélanie! Quel galop, Dorothée! Ma Léa, quel galop!

— Heureux cœur, roi des fous, que ne puis-je t'aimer!

— Toi, m'aimer, toi Léa! J'en mourrais, laisse-moi, car je veux vivre encore.

— Où vas-tu? Que fais-tu?

— Je m'en vais, laisse-moi.

— Tiens-le bien, Mélanie! Dorothée, tiens-le bien! L'inconstant, qui voudrait... Et le pas ? Prends le pas! Le galop, tu l'oublies? saute donc, roi des fous!

— Oui, je saute. En avant, bondissons, ma Léa. Pardonnez, Mélanie, Dorothée, je suis fou. La cruelle, qui rit, qui m'a pris, enchaîné...

— Oui-dà pris, entre trois, garrotté, pour un soir, pour une heure, un instant, moins encore.

— Pour toujours! Je le jure, ô Léa, voulez-vous, sur mon nom, sur mon cœur, sur mon âme et ma vie!

— Ah ah ah! L'entends-tu, Mélanie, l'entends-tu, Dorothée? Ah ah ah!

— Vous riez, ô cruelle, ô barbare! ô douleur!

— Vous m'aimer, bel Henri!.. Ah ah ah! Fa la ré!

— Ne ris pas, ma Léa, car je t'aime et suis prêt...

— Vos cheveux longs et noirs... fa la ré, fa la ré! ont frémi sur ma main... la do mi, la do mi!

— Oui, tout prêt à prouver mon amour le plus fou...

— Ah ah ah! c'est plaisant; le plus fou, c'est bien dit.

— Le plus pur, ô mon cœur, ô ma vie, le seul vrai!...

— Vos cheveux longs et noirs... fa la ré, fa la ré! ont frémi sur mon sein, la do mi, la do mi!

— A prouver ici même, à genoux, le veux-tu?

— Insensé, que fais-tu? Levez-vous, on nous voit!

— Riez donc, maintenant, belle folle, riez!

— Que nenni ! jeune fou ; bondissons, on nous voit. Je vous aime, est-ce assez ?

— Ah ! c'est trop sur ma vie ! Ma Léa, soutiens-moi, soutiens-moi, je me meurs !

Il n'en mourra pas, l'inconstant ; mais ce n'est point la faute de Léa, elle est divinement belle.

— Eh bien ! voisin, que dites-vous de ce petit galop ?

— Je dis, mon cher, qu'il est temps que je m'en aille : votre Blida me ferait perdre la tête. Ah ! je m'en souviendrai longtemps. Que ne puis-je en avoir le récit !

— On en fera le compte rendu, je vous l'enverrai.

— Vous me rendrez heureux, je l'encadrerai. Je voudrais voir tout au long la description de la danse du ventre, vous savez ? Et quelques mots aussi de ce quadrille américain, où l'un des cavaliers, à voix forte et à favoris, pas grand, mais entraînant, frémit et s'agite, impatient, sans chapeau, tout à son sujet, commande volte-face, à tout instant fait « hop ! », — ce qui me rappelle le « hop ! eh ! hop ! » du cavalier basque, « eh ! hop ! eh ! hop ! mes mules jolies, eh ! hop !

eh ! hop ! mules, mes amours ! » Ce quadrille, qui m'a séduit, gagné, bouleversé ; où l'on se suit tout en rond, marquant fortement le pas, serrés et alignés, le cavalier derrière la danseuse et la danseuse derrière la cavalier, tous penchés en avant ; comme des mains s'accrochant aux épaules, la danseuse du cavalier, le cavalier de la danseuse ; formant de la sorte une chaîne sans fin, ronde vraiment originale, fantasmagorique, on pourrait dire, — habiles, il le faut bien, car si l'un venait à tomber... ce serait comme un jeu de cartes.

— Hélas ! mon cher, danse du ventre bien écourtée, et chaîne à dos... n'en parlons pas.

— Vous ne connaissez pas Bou-Farik ?

Non, et je le regrette.

— Je ne suis point jaloux, je suis heureux de votre enthousiasme pour Blida ; mais risquez un voyage et vous verrez si ce n'est pas à bon droit que Bou-Farik s'appelle la reine de la Mitidja.

— Cette plaine de la Mitidja... Voulez-vous que je vous dise un conte ? Vrai ou non, c'est tout comme : vous verrez qu'il pourrait l'être. Mais souhaitons qu'il reste faux.

MILA ET LE MONSTRE

Charmante enfant de douze ans, — tête blonde
Et cœur naïf, un peu rêveuse aussi, —
Qui s'attardait au sourire de l'onde,
Ou poursuivait, poursuivait sans merci
Le *paon du jour* aux chatoyantes ailes,
Ou, près des joncs, les vertes *demoiselles*.
C'était là tout, sourire et voltiger,
Rêver parfois à l'ombre du verger.
Mais par un soir que la brise hautaine,
De fleur en fleur et d'une aile incertaine,
Lui ravissait un papillon léger,
Elle courut, courut à perdre haleine,
Loin du verger, loin même dans la plaine.
Et fatiguée enfin, les yeux en pleurs,
Elle s'assit. Mais que peuvent les larmes
Contre un ingrat qu'entraînent d'autres charmes?
Il allait vite et loin : là, point de fleurs
Pour l'arrêter, la plaine est toute grise.
Mila pleura, puis s'endormit. La brise
Ne voulant plus de l'objet de ses vœux,
Vint caresser un instant ses cheveux,
Sa joue ardente et sa lèvre pâlie;
Puis, à regret et d'une aile affaiblie,
Elle glissa sous un dernier rayon
Dont le soleil dorait le papillon.
L'espace alors fut grand pour l'infidèle :
Seul, sans abri, pas même une asphodèle,

Herbe ni fleur, il revint à Mila.
Il voltigea sur son cœur, et c'est là
Qu'il étendit ses ailes diaprées.

  Le ciel brûlait de lueurs empourprées,
L'ombre déjà menaçait le plateau,
Et l'horizon perdait sa teinte verte,
Quand tout à coup un monstre à long manteau,
— C'est un burnous, — la figure couverte,
Les bras pendants, l'air timide, incertain,
A pas de loup s'avance du lointain.

  Mila dormait. Et sa lèvre entr'ouverte
Et son front pur souriaient au sommeil.
Ne désirant visions plus badines,
Elle rêvait de sylphes et d'ondines,
Qui folâtraient aux rayons du soleil.

  Rêves de fleurs, Mila, mauvais augure ;
Au même prix, sylphes et papillons,
Épis dorés et verdoyants sillons,
Parfum de brise et ruisseau qui murmure.

  Comme un voleur qui compte avec le temps,
Les yeux hagards et les flancs haletants,
L'homme au burnous avait franchi l'espace.
Il était là, debout, la tête basse.

  Burnous traînant et corps demi-ployé,
Sa main saisit, bâillonna la pauvrette.
Le papillon voulut fuir, effrayé ;
Mais une main lui ferma la retraite
Et déchira son corps, — petite main
Bien innocente, et n'ayant d'inhumain
Qu'un mouvement de surprise et de crainte :
C'était Mila qui combattait l'étreinte

De l'ennemi. Mais, hélas! vains efforts :
Sa volonté faiblit avec son corps.

  Nul n'a pu voir la douleur de son âme,
Sa main lutter contre un bâillon infâme
Et sa poitrine essayer quelques mots,
Mots de frayeur, repentir, plainte amère,
Soupirs d'adieu, que les lointains échos
N'ont recueillis pour transmettre à sa mère.

  Anéantie, elle lève les yeux
Et laisse perdre un regard vers les cieux,
Dernier regard. Car la bête, pressée,
Sous l'aiguillon d'une affreuse pensée,
Lance à la plaine un coup d'œil circonspect,
Ouvre les plis de son burnous infect,
Saisit Mila, pauvrette, demi-morte,
La prend aux reins, la soulève et l'emporte.

  Il court, bondit, suit les sentiers frayés,
Et prend enfin une route perdue.
Sa joie alors rugit. Aussi ses pieds
Ont-ils bientôt mesuré l'étendue.

  Le jour n'est plus ; les ombres de la nuit
Ont tout couvert de leur sombre mystère,
Route, sentier, vallon, fleur solitaire,
Arbre qui pleure, insecte qui bruit.

  Pauvre Mila !... Le monstre de la plaine
L'a déposée : elle n'ose implorer
Grâce ou pardon, n'ose même pleurer.
Et lui, tout près, l'œil en feu, hors d'haleine,
Sûr de sa proie, assis sur un tréteau,
Jette à ses pieds son burnous, son couteau,
Tout ce qu'il a. La pauvre enfant troublée,

Ne comprend rien, sinon qu'il faut mourir :
Hormis le Ciel, qui peut la secourir?
« Adieu, maman, » dit-elle désolée.
L'effroi l'étreint. Elle croit s'accroupir,
Elle s'affaisse, et de sa lèvre blême
Elle remet, en un dernier soupir,
Son âme à Dieu, son cœur à ceux qu'elle aime.

NOTES

ET

DÉVELOPPEMENTS

A BLIDA

V

Enterrement juif. — Comme on porte le mort. — Attitude des Français. — Attitude des Juifs. — Douleur des femmes. — Comme on va au cimetière. — Ce qu'en pense l'auteur. — Mise en terre. — Veuve désolée. — Enterrement arabe. — Douleur des femmes. — Marche rapide. — Chant funèbre. — La fosse. — Mise en terre. — La prière.

Supposons-nous à Blida, si vous voulez ; dans une rue quelconque, de préférence rue Abd-Alla, l'une des moins bien percées, très peu large et formant une ligne courbe, désespoir des charretiers ; toute bordée de petites boutiques, très passante et très peuplée.

Comme chez nous, c'est au rez-de-chaussée que l'on s'inscrit, et devant la porte qu'on attend le mort.

Le corbillard est inconnu. Les porteurs sont là, revêtus d'une robe, blouse plutôt ou sac de deuil, qui descend jusqu'aux genoux, — étoffe d'un noir mat, garnie d'une bande d'argent, comme les chasubles de nos prêtres.

C'est au moment où le corps nous arrive que l'intérieur de la maison retentit de cris perçants. Ce sont les femmes qui font une dernière démonstration de douleur ; dernière n'est pas le mot : elles iront à certains jours en faire au cimetière.

Point de cercueil. Le corps a été enveloppé d'un linge blanc et tout simplement mis dans le caisson d'une civière commune, que l'on couvre d'un drap mortuaire.

Remarquez que tous les Français se découvrent, mais que les Juifs restent couverts; je parle de ceux qui sont habillés à la française. Si les autres ôtaient leur turban, ils prêteraient à rire. Pourquoi cela ? Je n'en sais rien; sinon que le turban fait partie de leur être.

Notre mort s'habillait, vivait même à la française, et c'est fâcheux pour nous, car nous nous trouvons en face de demi-mœurs. J'aurais voulu vous faire voir, — comme à Tlemcen, par exemple, — au milieu d'une petite cour intérieure, bien au-dessous du niveau de la rue, — ce qui a failli leur être funeste il y a quelques mois, par suite d'une inondation... Une inondation à Tlemcen!... Il faut que la nature ait de l'imagination!... — J'aurais donc voulu vous faire voir, en groupe et debout tout en rond, les femmes qui se déchirent la figure, hurlant et se lamentant, l'œil sec comme le cœur, les doigts à demi fermés, et les deux bras se levant en mesure.

On ne va pas à la synagogue, on se rend directement au cimetière.

On marche lentement. Point de chant, point de prières; chacun cause avec son voisin, comme qui se rend à une cérémonie.

Cette manière d'accompagner les morts, sans démonstration ni acte quelconque de joie ou de douleur, peut être dans la nature, mais ce n'est pas beau. J'aime autant la comédie des femmes.

Nous voici à la porte d'Alger, hors de la ville et loin des regards. Plus de raison de se contraindre; on irait au galop si l'on pouvait.

Et dire qu'avant de mourir chacun sait comme on l'accompagnera, et que pas un jusqu'ici n'a protesté contre cette indifférence, cette marche impatiente et hâtée, ce sans-gêne irrévérencieux; discours bruyants de qui devrait se taire, mutisme de qui devrait prier.

Ce serait, nous dira-t-on, de la susceptibilité déplacée. Que sommes-nous après la mort ? Aux yeux des croyants, qui n'a plus d'âme est une bête, et pour qui ne croit pas, ne l'avons-nous pas toujours été ?

Eh bien! moi, je vous déclare que j'entends conserver mon âme jusqu'au bord de la fosse, et qu'à être expédié comme une bête, j'aime mieux n'avoir que les quatres porteurs. Eh ! que m'importe, à moi, l'honneur de votre présence, si c'est pour me nier ce que je crois avoir de meilleur ? Restez chez vous : la terre ne m'en sera pas plus lourde, et si quelqu'un, entre les cartes et le grog, pense un jour à la déclaration que je formule, il sera forcé de se dire à lui-même : « En voilà un qui avait au moins assez d'esprit pour se croire au-dessus d'une bête. »

Je ne suis pas de ceux qui considèrent la mort comme une simple désagrégation de la matière, et qui se croiraient en droit de réclamer, si un être supérieur leur accordait de vivre au delà de ce monde. J'aime à me perdre dans ce que les savants appellent les illusions des faibles.

Ces croyances qui font du cimetière un séjour animé, ont au moins, me paraît-il, le mérite d'entretenir les souvenirs, et les souvenirs sont d'autant plus chers à notre cœur, qu'ils nous affectent péniblement. Là, notre pensée est triste, elle est toute pour ceux que nous aimions. Quelques larmes de regret viennent mouiller notre paupière, et la mélancolie de nos pleurs donne de l'inspiration à notre piété. Il est si doux de prier dans un cimetière ! Un cimetière !... tout l'avenir est là !

Aussi, monsieur le savant, faites brûler votre famille, déterrez même vos ancêtres, nous applaudirons si cela vous est agréable ; mais laissez-nous, de grâce, laissez-nous l'espoir de pleurer sur une tombe. Les raisons que vous nous donnez ne nous paraissent pas suffisamment fondées. Vous n'avez peut-être pas tort, il se peut en effet que depuis mil huit cent trente les morts que l'on enterre aient acquis la propriété de produire le choléra ; mais raisonner avec des incapables... Je crains fort que vous ne perdiez votre temps. Si vous saviez... J'en frémis encore, je n'ose vous le dire. C'est un voisin que j'ai, quelque peu faible d'esprit, point fumeur, mais prisant beaucoup, tout aussi distrait que moi, davantage même. « Voyez-vous, me dit-il, si cette loi passe, je me connais, je suis un homme perdu. — Comment cela ? — Vous ne devinez pas ?... Si j'ai sur ma cheminée les cendres de ma famille, dans deux jours, j'aurai tout prisé. » Je lui ai promis d'intercéder auprès de vous, monsieur le savant : tout simple qu'il est, c'est un si brave homme, que vous ne voudrez pas, je suis sûr, l'exposer à priser sa famille.

— Pardon, monsieur l'auteur, un mot, s'il vous plaît. Les savants, dites-vous ? Vous avez de la bonté de reste. C'est pour faire les savants qu'ils battent en brèche ce que nos sentiments ont de plus beau ; c'est pour se faire remarquer. A votre compte, seraient savants des hommes par milliers qui ne savent même pas lire.

— Je me trompe en effet peut-être ; mais je me sens si faible en face de l'inconnu, que je considère comme natures d'élite ceux qui ont dans l'obscurité l'assurance que j'ai à peine en plein jour.

— Vous en avez vu de ces gens-là ? Ne seriez-vous pas un peu naïf ? Si tout subitement vous allumiez une lanterne, à l'instant même où ils grossissent leur voix pour vous dire de ne rien craindre, vous verriez que leur figure est verte.

— Oh ! les pauvres !... pires donc que des étranglés ?...

Revenons à notre enterrement.

La fosse est très large, comme celle des Arabes. Au fond, la place du mort est creusée et garnie de briques. C'est là une belle pensée.

Le rabbin murmure quelques prières, on incline le brancard, deux hommes prennent le corps, l'un à la tête et l'autre aux pieds, et le passent à deux autres qui sont dans la fosse.

Pendant cela, tout à côté, en face d'un petit monument, — tombe fraîche encore, de deux mois, me dit-on, — se lamente une jeune femme, accroupie sur les genoux, criant de toute sa voix, et, à défaut de larmes, cherchant à traduire sa pensée par le mouvement des mains et des bras, nous regardant sans cesse comme pour nous dire : « Voyez donc comme je suis désolée ! » Elle ne se déchire pas la figure, ne se frappe non plus la poitrine. L'un des assistants cherche à la calmer, et elle redouble d'animation. Fade comédie ; ce n'est pas beau.

Nos deux fossoyeurs ont couché le corps dans son étroite demeure de briques. On le recouvre de dalles, pour que la terre ne le touche pas. Je l'ai dit déjà, c'est une belle pensée, qui proteste contre l'irrévérence du début.

C'est à moi que l'on passe la pelle pour la première pelletée de terre à jeter sur les dalles. Les honneurs d'un chrétien ne leur répugnent donc pas.

A côté de moi, le fils du mort tient une Bible à caractères hébreux, et il lit quelques versets.

Au sortir du cimetière, avant de faire le dernier pas, ils prennent quelques feuilles, ou un peu d'herbe, ou un objet quelconque, qu'ils jettent par dessus l'épaule, en arrière et sans se retourner. J'aime mieux le chrétien, qui se retourne et jette un dernier regard.

ENTERREMENT ARABE

Voyez-vous devant une porte, dans cette ruelle, une douzaine de femmes qui se lamentent, poussent des hurlements, se frappent la poitrine et se déchirent les joues ? Elles pleurent un mort. Leurs yeux sont purs de larmes.

Les hommes seuls iront à l'enterrement. C'est trois jours plus tard que les femmes iront au cimetière, — pleurer n'est pas le mot, — se désoler sur la tombe.

Point de cercueil. Le cadavre, qu'on a préalablement enveloppé d'un drap, est porté par quatre hommes, dans une civière de bois commun.

A Tlemcen, c'est un simple brancard, sans caisse ; ce qui n'est pas beau, car on voit le corps se rouler plus ou moins et suivre sur les barreaux le mouvement des porteurs.

On marche vite d'un pas rapide et allongé, et l'on chante sans interruption; un groupe entonnant un verset, l'autre groupe répondant. Le chant varie selon les localités : à Tlemcen, il est très animé, plutôt gai que triste, rappelant un peu l'air connu de la chanson : « Gai, gai *de profundis!* Ma femme à perdu l'âme ; gai gai, *de profundis!* Qu'elle aille en paradis ! » A Constantine, il est beaucoup plus grave, on dirait un chant d'église.

La fosse a la profondeur qu'exige la loi, mais elle est plus large, comme celle des Juifs. Deux hommes sont là-dedans pour recevoir le corps. La civière étant un peu penchée, on le leur passe; ils le prennent de leur mieux et le déposent au fond, dans une place qu'on lui a faite, nouvelle fosse dans la grande, sans briques, à parois nues et crues. On y a jeté quelques touffes d'herbe. Des dalles sont d'avance préparées et essayées, — précaution que n'ont pas les Juifs; — on les adosse sur l'un des côtés et l'on n'a plus qu'à les coucher sur la petite fosse. On bouche les interstices au moyen de petites pierres et de blocs de terre, puis, comme chez nous, la pelle fait le reste.

Si c'est une femme, ce n'est pas à découvert qu'on la descend : quatre hommes tendent le voile de la civière, — voile de soie, fond violacé, — l'avancent à mesure que le corps glisse, et de fait avec tant de précaution, qu'il est impossible de voir ce qui se passe en-dessous. Ils le tiennent ainsi tendu sur les bords de la fosse jusqu'à ce que les dalles soient à leur place.

Pendant la mise en terre, le marabout s'est assis, non loin, entouré d'un groupe, ne chantant plus, mais priant tous à haute voix.

Un pourvoyeur est là, muni d'un couffin; il distribue quelques figues et du gâteau à miel.

A TLEMCEN

VI

Rue arabe. — Entrée arabe. — Intérieur. — Comme l'auteur entend le portrait. — Arabes qui mangent. — Musiciens. — Le marié. — Procession en bandeau. — Mauresques voilées. — La toilette de dessous. — Bonnet *chachia*. — Anneaux des oreilles. — Tatouages. — Ce qu'est la robe. — La mariée. — Bracelets. — Deux ménages. — Expédition à Figuig. — Souffrances de la route. — Comme on est reçu. — Cada-Klouch. — Famine. — Morto. — Fanatisme. — Dépôt de mendicité. — Température. — Costume arabe. — Singulière invitation.

Comme je m'adresserai aux Blidéennes s'il me prend fantaisie de parler de la Guadeloupe, c'est à vous, madame, que je m'adresse pour quelques traits de mœurs arabes.

Figurez-vous, dans une ruelle d'un mètre ou un peu plus de large, une ouverture voûtée d'un mètre vingt-cinq de haut et généralement d'un mètre de large. Vous descendez quelques marches ou du moins une pente. Le couloir vous conduit en droite ligne en face d'un mur et se continue par angle droit, l'espace de cinq ou six pas, soit à droite soit à gauche, jusqu'à un nouveau mur, ou il tourne à droite, s'il avait pris à gauche, et à gauche s'il avait pris à droite, pour déboucher dans une cour encaissée, rarement grande, très souvent infecte et toujours sale. On s'étonnerait de ne pas trouver dans ce couloir brisé le logement des animaux, comme une alcôve dans une chambre.

Sur la cour donnent trois ou quatre ouvertures, basses toujours et point du tout gothiques. J'ajoute ce mot, parce que les Arabes visent, dans leurs constructions, au cintre et à l'ogive; mais tout est dépourvu d'art, de savoir et de goût, — je ne parle pas des monuments.

Ces ouvertures annoncent autant de chambres, sans fenêtres bien entendu. En guise de tapisserie, on y voit des tapis mêmes.

Au bout de ces chambres, — naturellement à droite ou à gauche, car elles sont longues et étroites, — se trouve un lit de peu de valeur.

Que je le dise une fois pour toutes, pour mes portraits je ne prends jamais tel ou tel particulier ; je décris le type que j'ai dans l'esprit. Ce n'est pas dans les goûts du jour, je le sais et je m'en veux ; mais je croirais faire œuvre mauvaise et tromper le lecteur, que de donner pour générale une figure particulière. Je ne vise pas du reste à la réputation : j'écris si le désir m'en vient, bien ou mal comme il plaît à ma plume ; car je n'y suis pour rien, c'est bien elle qui en fait tous les frais.

Comme vous voyez, les chaises ne sont guère en usage : tous ces Arabes, assis par terre, autour de cette énorme gamelle de bois, célèbrent un mariage. Ils vont vous offrir du couscouss et des gâteaux fenouillés. Gardez-vous de refuser, ce serait leur faire injure. On ne connaît ici ni cuillères ni fourchettes, assiettes encore moins. Tendez votre pain, madame : ce jeune homme que vous voyez à côté de moi plonge en ce moment sa main dans la gamelle ; il en rapportera un morceau de viande empâtée, qu'il vous offrira très naïvement. Surtout ne refusez pas et mangez. Votre mouchoir sera votre serviette, si toutefois vous ne pouvez vous en passer; vous serez la seule à en avoir besoin.

Nous avons eu tort peut-être d'entrer un jour de noces; mais nous faisons une étude de mœurs.

Ces gens que vous voyez dans la cour, assis contre le mur, sur des oreillers, ne sont autres que des musiciens, payés pour la circonstance. Leur instrument, — que vous allez entendre et qui tient de la clarinette, du haut-bois et surtout de la musette, — est plus aigre que doux. Les sons stridents qu'ils en tirent par effort de joues et de poumons, se font entendre au loin dans le quartier.

Attention : cet homme encapuchonné que l'on conduit en face d'eux, c'est le marié. Il s'assied sur une chaise, la seule de la maison. Les musiciens commencent leurs notes invariables. Pendant cette sérénade, un invité, qui se tient debout, évente le marié, au moyen d'un foulard. Tout cela se fait très sérieusement, cinq minutes environ, comme très sérieusement aussi s'est faite en ville, dans un grand nombre de rues, la promenade de l'amour en bandeau. C'était un grand concours d'Arabes, qui marchaient, au son des grosses caisses, lentement, processionnellement, mais tassés autant que la rue est large, les uns portant et faisant onduler au-dessus des têtes, les élevant tantôt et tantôt les abaissant, d'énormes lustres de bois triangulaires, garnis de bougies par cinquantaines et ornés de différentes couleurs. Et le marié, sur un cheval plus ou moins docile, qui saute ici et tantôt là, s'effarouchant, je crois, autant des ornements qui le couvrent que des youyous de la foule qui se presse autour de lui, — le marié, disais-je, est le seul à ne rien voir de cette magnifique fête, car il a un bandeau sur les yeux.

Mais revenons à lui.

La cour est pleine de curieux, soit Arabes soit Européens.

Ces statues masquées, dont vous ne voyez qu'un œil, ce sont des femmes. Vous ne perdez rien à ne pas voir davantage : elles sont laides généralement.

Il est bon pourtant que vous ayez une idée de leur toilette de dessous. Pour cela vous entrez dans la chambre des femmes. Je ne peux vous y accompagner : sauf le mari, les hommes ne les voient que sous voile. Si je me risquais à vous suivre, je jouerais ma vie. Mon esprit sera néanmoins à côté de vous; car si je ne vous faisais le détail, vous seriez tellement surprise que vous sortiriez sans avoir rien vu.

Ce qui vous frappe en premier lieu, c'est le changement de costume : dans la rue et dans la cour, nous avons vu des masques ; ce qui domine ici, ce sont des spectres. En général, c'est maigre, décharné, blafard ; ce qui est gras, est repoussant.

Examinons de pied en cap. La tête est surmontée d'une espèce de bonnet diadème, rouge phrygien, brodé d'or et retenu par une mentonnière en cuivre ou en or, large de trois centimètres.

Les oreilles fléchissent sous le poids de plusieurs anneaux, passés tout le long de l'ourlet. Ce pus verdâtre que vous voyez en larges plaques sur la chair enflammée de l'oreille, est le résultat des anneaux.

C'est hideux pour vous ; pour elles, c'est beau. La femme arabe serait malheureuse, si elle n'avait à chaque oreille, autant qu'elle en peut fixer, de lourds anneaux de deux pouces de diamètre, plus grands même bien souvent.

Ces signes ou bandes bleues, rouges, noires, généralement bleues, que vous voyez sur la figure, ne sont pas des taches de peau ; chaque femme se peint selon son caprice. Le reste du corps est à l'avenant ; c'est pourtant l'exception, sauf pour le talon, qui, chez toutes, porte le tatouage. Comme elles vont toujours pieds nus, en babouches éculées, c'est à la marque du talon que, dans la rue, le mari peut reconnaître sa femme. Je crois pourtant que c'est fort difficile, car le haïk descend toujours presque à terre.

En fait d'épaules, les unes sont décharnées, les autres sont grasses, mais d'une graisse blafarde. Nous pourrons les examiner à loisir : rien ne les couvre que le segment supérieur d'un sarrau plus ou moins vieux, plus ou moins clair, plus ou moins haillon. — Cette espèce de vêtement, — qui passe, en guise de robe, sur le dos et sur les seins, on pourrait dire entre les seins, car ils sortent par côté, — prend, à la ceinture la tournure d'un pagne, et se prolonge un peu plus bas que le genou, laissant à l'œil curieux la liberté de voir bien des choses, trop peut-être, car ce n'est pas beau. La plupart du temps ce pagne est tellement transparent, qu'elles ne semblent l'avoir que par fantaisie.

Pieds nus, bras nus et jambes nues, on pourrait dire tout le corps nu, c'est ainsi qu'elles sont chez elles, quelque temps qu'il fasse. De même que le haïk, — cette pièce de laine dont elles s'enveloppent dans la rue, — les babouches ne servent qu'à l'extérieur. Les pieds nus, oui, même dans la neige, mais à la tête la *chachia!* Nous faisons, nous, le contraire : quand nous entrons, nous gardons les souliers, nous ôtons le chapeau. Nos femmes doivent en cela leur paraître ridicules.

Aujourd'hui donc, elles sont en fête; cela durera huit jours. La mariée est assise dans le fond; elle ne bouge pas. Contre l'habitude, elle est voilée, parce qu'elle est timide. Sur votre demande, elle lèvera son voile, elle vous fera voir sa figure, ses bras, ses seins, tout ce que vous voudrez. Du reste, elle est si jeune qu'il n'y a pas grand mal : elle n'a guère que onze ans. Celui qui l'a épousée ne la connaît pas encore, il ne la verra que ce soir. Tant pis pour lui s'il est déçu. Il est vrai qu'il peut, quand il voudra, la renvoyer à sa famille.

Il a, selon l'usage, déposé pour elle une somme de deux mille francs, qu'on lui donnera dans le cas où elle soit répudiée.

Vous n'avez pas remarqué les bracelets des mains et des pieds. C'est, il me semble, le signe de l'esclavage, et pourtant elles ne vivraient pas sans cela. Ce signe est pour elles un ornement. Je leur souhaite que ce soit un adoucissement à la réalité de leur triste condition, réalité que celle-ci va tamiser bien jeune. Qu'elle ne soit pas jolie, elle saura ce qu'il lui en coûte.

Pendant de longs mois, j'ai eu sous les yeux deux ménages qui vivaient ensemble, dans la même cour, et qui ne se doutaient guère de mon indiscrétion.

Y avait-il entre eux quelques liens de parenté? C'est fort probable, car tout ménage arabe vit à part. Mais cela m'était indifférent.

Il y avait des enfants, deux maris et deux femmes, dont l'une de dix-huit à vingt-cinq ans, l'autre de vingt-cinq à trente.

Mon indécision à déterminer leur âge n'étonnera pas qui connaît les Mauresques : elles sont vieilles si jeunes, et si jeunes affaissées, qu'il est bien difficile de se prononcer sans erreur.

La jeune, qui était peut-être la fille de l'autre, peut-être aussi sa bru, ne lui ressemblait en rien. Elle était mince, plutôt grande que petite, laide de figure, excessivement maigre, de chair pâle, presque blafarde; généralement bien mise, les oreilles chargées d'anneaux, chachia sur la tête, collier de pièces d'or, bracelets aux mains, bracelets aux pieds, très large ceinture brodée d'or, et pour robe, sarrau sans manches.

L'autre était une femme forte, ni laide ni jolie, de corps plein, de chair presque rosée, aux membres vigoureux, faits pour le travail, épaules vivantes et réjouies, bras et hanches d'une belle graisse, le tout ferme et arrondi, sauf les seins qui tombaient flasques; mal mise généralement, toujours nu-pieds, quelque temps qu'il fît, en temps de neige aussi bien qu'en été; sans ceinture le plus souvent, sans chemise toujours, robe sur peau et partant presque nue. Quand je dis robe, qu'on se figure une robe de chambre sans manches et sans ceinture, laissant à découvert le milieu de la poitrine, et les seins pendre par côté, bien en bas de l'aisselle, presque sous le coude; ou mieux, supposez un pagne à bretelles, à dos plein comme différence, sur le devant fendu par la coupe, fendu par les ans sur les deux côtés, presque de haut en bas, et formant trois bandes encore reliées par un isthme au-dessus de la taille, bandes qui flottent à tout mouvement.

Cette femme ne perdait pas une minute; elle avait toujours du travail. Si elle lavait du linge, l'indépendance de son vêtement en faisait une caricature, nue tantôt d'un côté et tantôt nue de l'autre; on aurait dit que ces bandes jouaient. Elle en était parfois gênée, et elle allait prendre un foulard, qu'elle nouait en ceinture.

Elle considérait pour peu, si elle s'en apercevait, que le foulard, plissant l'étoffe, mît à nu le quart de la hanche. Ainsi maintenues, les bandes ne la gênaient plus lorsqu'elle se baissait; mais elles jouaient suffisamment pour servir d'éventail à tout le bas du corps. Si elle était assise par terre, au milieu de la cour, un mortier entre les jambes, elle ramenait instinctivement sur la cuisse les deux pans folâtres, qui, peu à peu, se tassaient autour du mortier. Les enfants passaient, les maris passaient, le pilon frappait toujours, et elle n'en était point émue.

L'autre allait et venait, travaillant peu et prenant la fuite au moindre bruit. Elle revenait aussitôt dans la cour, un peu effarée, regardant sa compagne et comme cherchant du travail, mais ne faisant en somme presque rien. C'est rarement qu'elle venait en guenilles. En moi-même, je l'en remerciais.

PROJET D'EXPÉDITION

28 janvier 1867.

Dans ma lettre du 18 septembre, je vous parle d'un projet d'expédition dans le Maroc. Après vous avoir écrit, j'ai été tellement surpris du silence qui régnait autour de moi, que j'ai fini par me demander si je n'avais pas moi-même inventé ce projet. Tous ceux à qui j'avais occasion d'en parler ne comprenaient rien à mes plans belliqueux. J'étais fort contrarié de vous avoir rendue dépositaire d'une fausse nouvelle. Or j'apprends ces jours-ci que mon expédition n'est pas le produit de mon cerveau. Elle aura lieu.

Il y a dans le Maroc une ville qui s'appelle Figuig. C'est un repaire de canailles, Marocains, Arabes, Français déserteurs, tous bien déterminés à se défendre. Ils sont soutenus par l'espoir d'une fuite très facile dans le désert. En effet, chercher à les poursuivre serait une folie, moins excusable, à mon avis, que celle d'un gendarme qui voudrait, à cheval et pesamment armé, nous poursuivre sur les flancs de la Soufrière.

En vérité, je ne sais où j'ai pris vent de cette

expédition : elle n'est résolue que depuis quelques jours.

Le motif que l'on donne est que nos troupes y ont été mal reçues. Je vois de quoi il s'agit. La colonne qui était en observation à Géryville et qui a été renouvelée il y a deux mois environ, nous est arrivée fatiguée, n'en pouvant plus. Je parle des officiers. Tout n'est pas rose dans ce métier, en Afrique, du moins. Il est probable qu'après quelques jours de repos, ils auront fait un rapport, — pas tout à fait dans le genre suivant :

« A Géryville, nous n'étions pas heureux. Notre désir fut prévenu : au nombre de quinze cents, nous reçûmes l'ordre de partir en exploration sur Figuig. Sous le prétexte de nous renforcer, on nous joignit dix-huit cents goums (1). dont nous nous serions bien passés. L'Arabe est un serpent qui mord son bienfaiteur ; soumis en apparence, il n'attend qu'une occasion. Ceux-ci l'avaient bonne, ils ont manqué d'esprit. Ils

---

(1) Mot arabe qui désigne le contingent que chaque tribu fournit pour les expéditions militaires. (Bescherelle.) — Ici, j'emploie *goum* pour soldat de goum.

étaient dans leur élément comme les oiseaux dans l'air, et nous, nous étions comme des poissons hors de l'eau. Enfin, c'est passé, n'y pensons plus : qu'il suffise à notre mémoire de nous retracer ces longs soupirs de faim et de soif que nous étouffions par quelques racines d'alfa ou quelques gorgées d'eau bourbeuse. Quelques-uns mangeaient le cuir de leurs souliers ; ils ne réfléchissaient pas qu'ils auraient à le payer plus tard. De temps à autre, une escarmouche, attaque au vol, dont nous étions heureux : cela nous donnait preuve d'habitants et en même temps espoir d'un puits. Nous trouvions en effet des puits... remplis à dessein d'animaux putréfiés.

« Quel bonheur ! Quelle folie en face de cette essence de cadavres ! Comme on se désaltérait ! Elle nous faisait grand bien. Du moins, si nous mourions, ce n'est pas à cela qu'on l'attribuait. Enfin, c'est passé, n'y pensons plus.

« Nous arrivons en face de Figuig. Belle position, là-haut, sur un plateau. De la plaine, on ne le voit pas comme un nid d'aigle ; mais l'œil pourtant mesure un certain angle.

« On expédie une députation, qui est reçue... je ne vous dis que ça.

« Est-ce en pareil état, le ventre affamé et la figure hâve, que l'on se présente pour prendre une ville ?

« Ils ont eu tout juste le temps d'admirer d'immenses remparts et de reprendre au galop le chemin de la plaine. C'était à la tombée de la nuit. Le langage parlementaire n'a pas, à ce qu'il paraît, pénétré dans ces parages : pour réponse aux questions qu'ils n'eurent pas le temps de faire, nos députés ne reçurent que des balles.

« Nous revînmes sur nos pas, avec l'espoir pourtant d'y retourner et de disperser dans le désert ce ramassis de mal élevés. Voilà. »

Je suppose que c'est par suite d'un rapport de ce genre que l'autorité a décidé cette expédition.

17 février 1867.

Comme je vous l'ai annoncé, tout était prêt. Au moment où l'on attendait de Paris un ordre de départ, on a reçu l'ordre de ne pas bouger.

24 février 1867.

Hier matin, à sept heures, nous avons eu une double exécution. La justice a envoyé chez Mahomet le caïd Cada Clouch et Bou Amrouch, les deux assassins d'Isoard, maire du Mansourah. Ce procès a eu du retentissement ; il prenait de l'importance de la position de la victime et de celle de Cada Clouch, caïd de Bou Médine.

Toute la troupe était sous les armes, cartouches en giberne.

Il n'y a pas eu le moindre murmure. On n'a entendu que les cris de la famille de Cada Clouch. Sa femme se déchirait la figure.

28 octobre 1867.

Voilà près d'un an que nous n'avons pas eu de pluie. Les Arabes sont affamés ; ils fuient les tribus pour se réfugier en ville. On les fait, tous les soirs, sortir par centaines, qui s'en vont coucher le long des murs. On en voit beaucoup chercher dans les ordures quelque matière mangeable.

22 décembre 1867.

Le choléra semble avoir disparu ; mais la faim est implacable. On trouve tous les matins une douzaine de cadavres sur la voie publique.

Chacun de nous en nourrissait plus ou moins. Pour mon compte, j'avais toute une famille. C'était un enfant qui venait prendre le manger. Un matin, ce ne fut pas le même. « Où est l'autre ? —

Morto. » Deux ou trois jours après, nouvelle figure. « Où est l'autre? — Morto. — De quoi? — Macache sabir (je ne sais pas). » Je vis de la sorte cinq nouveaux visages et j'eus toujours la même réponse. Plus personne ne vient.

25 décembre.

Dernièrement, j'étais alité. Ma femme était sortie; elle m'avait recommandé de faire porter du feu à la cuisine. J'appelle la servante, une Juive. « Monsieur, tu m'as appelé? — Oui. — Qu'est-ce que tu veux? — Porte du feu à la cuisine. — C'est samedi aujourd'hui. — Si j'étais mourant et qu'il ne me fallût qu'un peu de feu pour me faire vivre, tu ne le toucherais pas? — Non. »

2 mars 1868.

Le choléra ne fait que quelques victimes, par-ci, par-là; mais les Arabes meurent de faim comme par troupeaux. A Tlemcen, il en meurt de dix à vingt par jour. Nous avons, en pleine lumière, des assassinats à deux cents mètres des portes.

Nous avons ici, comme partout, un dépôt de mendicité, où l'on nourrit tous les mendiants. Mais il y en a qui préfèrent mourir de faim dans les rues. Je lis dans le *Courrier* d'hier: « La veille, on en avait fait entrer, malgré eux, trois cent quatre-vingt-trois au dépôt de mendicité du quartier Saint-Michel. »

Croirait-on de pareils faits ?

2 décembre 1869.

Je ne suis vraiment à l'aise que par vingt-six degrés, je n'en redoute pas vingt-huit, et mieux qu'un créole, j'en supporterais trente. Le feu ne remplace pas la chaleur : on cuit sans se chauffer, ou mieux, on rôtit, on se brûle ; lorsqu'un pied grille, l'autre gèle, et qu'on avance le gelé, le grillé qui lui cède sa place redescend à glace avant que l'autre soit rôti. Nous souffrons donc par cette température, qui pourtant se maintient entre six et dix degrés. Notre esprit, transi comme le corps, par pure influence évidemment, s'irrite, se révolte, bondit, gagne l'espace, franchit les mers, s'installe au Matouba (1), et va, deux jours après, secouer sur les bords d'un ruisseau a poudre dont les vents l'ont noirci dans son vol échevelé.

---

(1) L'un des sites les plus riants et les plus frais de la Guadeloupe.

Mais l'illusion est aussi rapide qu'elle est loin de la réalité, et l'insurgé reprend soudain son poste ; il n'en tremble pas moins, il n'en est que plus sensible, et les mâchoires qui s'entrechoquent, semblent vouloir traduire sa nouvelle impression.

Les Arabes n'en sont pas là : leur costume d'hiver ne diffère en rien du costume d'été. Pieds nus, jambes nues, n'ayant pour le reste du corps qu'un large tissu de laine, dont ils ne savent même pas s'envelopper, qui ne sert qu'à les voiler, tant il est sale et râpé, — ils vont dans la boue, ville ou campagne, d'un pas lent, indécis, l'œil triste et envieux. Les Coulouglis (1) se tiennent mieux que les Arabes. Les Mauresques, leurs femmes, n'ont chez elles qu'un vêtement d'indienne, et la plupart du temps sont au moins à moitié nues.

Juillet 18...

— Nous allons demain déjeuner sur l'herbe ; nous vous invitons, vous et votre femme. Telle autre famille se joint à nous.

— J'accepte. Comme nous sommes bien aises

---

(1) Colougli ou coulougli. Nom des habitants de l'Algérie nés de pères turcs et de femmes indigènes. (Littré.)

de marcher un peu, nous vous devancerons, vous nous rattraperez.

— Comment ! me dit-il, quand nous fûmes sur l'herbe, vous n'avez pas porté à manger ?

— Oh ! si, répondis-je avec sang-froid : notre Arabe était un peu derrière nous, vous ne l'avez pas rencontré ? Il en a sa charge, et du bon, je ne vous dis que ça !

— Ça va bien, commençons, nous aurons le vôtre après.

Comptant là-dessus, ils firent les fines bouches. Ils étaient huit et ils avaient porté pour deux. A nous deux donc, en quelques minutes, nous expédiâmes le tout. Et puis, l'on attendit, mais d'Arabe pas plus que sur la main.

A ORAN

VII

Oran. — Terre rouge. — Le port. — Vue prise du port par la Blidéenne. — La Marine. — La Calère. — Solitude aux Pommiers-Roses. — La Crête-à-nous-seuls. — Flanc de terre brune. — Le petit Duguesclin. — Le jardin Westford. — Valentin Bossi. — Les guitaristes. — Tunnel sous l'église. — Rue de Gênes. — Rue Philippe. — Marché du théâtre en 1870. — Promenade de Létang. — Place Blanche.

22 août 18...

Si l'on peut dire qu'Oran est attrayant, c'est pour sûr par son originalité.

Le bateau qui vous porte s'engage, en vue de la ville, entre deux langues de terre d'élévation médiocre, qui n'ont avec votre beau littoral d'autre rapport que de ne lui ressembler en rien. Ni arbres, ni arbustes, ni ronces, ni verdure ; — ni herbes longues, ni herbes courtes, ni pelouse ; — ni plantations, ni semences, ni légumes ; — ni granit, ni basalte, ni silex, ni rivières, ni canaux ; — de la terre seulement, espèce de farine rouge, en tout digne, comme c'est sa destinée, de subir le caprice des vents.

Et pourtant sur cette farine rouge se trouve une bien belle ville, attrayante, je ne saurais vous dire pourquoi, et que l'on ne quitte qu'avec un grand regret.

Mais ne la considérons pas sous ce point de vue, visitons-la comme si nous y mettions du parti pris, comme si nous voulions éprouver et produire la première impression de la Blidéenne.

Ces deux bras forment le port des Oranais.

C'est inexact : ils forment la baie ou la rade, mais non le port, nous allons le voir.

Ils reçoivent en plein le vent du nord, petit vent du nord, qui n'est pas sans être redouté ; ils reçoivent en ligne oblique, convenons-en, le vent d'ouest et le vent d'est ; ils reçoivent en somme tous les vents moins le siroco.

Comme bien d'autres villes, Oran s'est fait un port : par une jetée d'un kilomètre, il s'est mis à l'abri de l'élan forcené des vagues ; il s'est même fait une darse. Mais il n'y a rien là qu'on puisse comparer au port de Bône ou de Philippeville, à plus forte raison, madame, à votre belle rade de la Pointe-à-Pitre.

A Bône et à Philippeville, les bateaux vont jusqu'à terre ; ici, c'est au moyen d'un canot que vous débarquez sur le quai, je veux dire sur de la poussière rouge.

Quelques pas vous conduisent au quartier de la Marine.

Du temps que le pilote casait laborieusement le bateau, j'aurais voulu jeter un coup d'œil d'ensemble sur cette ville vraiment africaine ; mais je n'ai vu que quelques masures, perchées, à gauche, sur un talus rouge ; en face quelques maisons ordinaires, et à droite, une éminence de trois cents mètres, presque à pic et surmontée d'un fort.

Cet alinéa est faux pour qui connaît Oran ou pour un homme de guerre qui l'a d'avance étudié dans un livre ; mais il est vrai pour ma Blidéenne, qui n'y a jamais mis les pieds et qui ne veut voir que par ses yeux.

Nous sommes donc à *la Marine*. C'est le quartier que je voyais en face. Une centaine de maisons en remplissent le triangle.

L'œil s'arrête avec quelque surprise sur un groupe de charretiers espagnols, arabes et marocains, indolemment étendus par terre ; ils obstruent un assez large escalier d'une quarantaine de marches, que l'on doit franchir pour pénétrer dans la ville, à moins que, détenteurs des secrets locaux, nous ne préférions suivre, à droite, une route circulaire, encaissée et nauséabonde. Par une montée moins sensible que les degrés, elle conduit au même point. En tournant avec elle, vous laissez à droite, complètement séparé du reste de la ville, un quartier curieux, *la Calère*, où vous ne monteriez qu'à force de jarret, par escaliers et précipices ; vous n'y trouveriez, pour vous dédommager de vos sueurs, que quelques cabanes espagnoles. Ces cabanes, il est vrai, sont précédées d'un paquet de maisons ordinaires, qui forment, en demi-cercle, la rue de l'Arsenal.

Entre la rue de l'Arsenal et la rue d'Orléans, — où, par digression, vient de nous laisser ma plume, — se trouve, en demi-cercle aussi, un autre pâté de maisons et le marché au poisson. On arrive à l'un et aux autres soit par escaliers soit par ruelles détournées.

Avant de continuer la rue d'Orléans, je voudrais vous faire comprendre où je me trouve au moment où j'écris.

Faites un effort, montez à la Calère.

— Iriez-vous au ciel, monsieur, je crois que je vous suivrais.

— C'est bien, madame ; je ne vous connaissais pas cette intrépidité. On dirait que vous avez voyagé sur la *Crête-à-nous-seuls*.

— Je ne la connais pas.

— Elle est pourtant dans votre pays, tout près de la Basse-Terre, sur l'habitation Le Dentu. Après avoir traversé, dans la solitude la plus heureuse, tout un plateau de *pommiers-roses*, — véritable Eden s'il en fut, — on s'engage, sans s'en apercevoir, sur la crête la plus bizarre qu'il soit possible d'imaginer. Il y fait chaud, vous le savez : ne supposons sous ces riantes voûtes d'ombre que quarante-cinq degrés centigrades. Je me figurai plus tard que j'avais fait un rêve. Nous étions partis de la Basse-Terre à deux heures du matin, l'imagination toute pleine d'aventures de touriste. Quel fortuné pays, madame, où l'on se perd à chaque pas ! C'est seulement dans l'après-midi, au plus fort de la chaleur, que nous nous trouvions, bien égarés, haletants de faim et de soif, dans cette solitude enchantée.

« Nous sommes perdus, dis-je à mon ami; nous allons mourir. — Perdus, oui, dans les arbres, mais non pour mourir. — Oh! mes tempes!... que deviennent-elles? On dirait qu'elles vont éclater. — J'entends un murmure lointain, c'est sans doute une rivière. Du courage, nous y arriverons. »

Nous y arrivâmes en effet; mais, hélas!... Deux cours d'eau qui se répondaient en un vague murmure, l'un à droite, et l'autre à gauche, à deux cents mètres sous nos pieds!.. Nous étions sur une crête, — la Crête-à-nous-seuls, l'ai-je nommée plus tard.

Nous la suivions depuis près d'une heure; nous avancions toujours dans l'espoir de nous orienter et de nous rapprocher en même temps de la lisière du bois. Mais cette crête était longue, bien longue. Quand nous eûmes l'idée de l'abandonner, c'était un peu tard. Pouvions-nous sacrifier un quart de journée à revenir sur nos pas? Tourner à droite ou à gauche, il ne fallait pas y songer.

Suspendus entre deux précipices, dont les flancs étaient tapissés d'arbres, presque à pic des deux côtés, la chaleur et la pensée de l'abîme nous donnant le vertige, — nous nous hâtions pour en finir, et la crête s'amincissait toujours. L'espace diminua au point que nous pouvions à peine placer les pieds. Un arbre parfois nous barrait le passage ; nous le tournions, l'un après l'autre, l'enserrant de nos bras ; nos pieds n'ayant point d'appui, notre corps pendait sur l'abîme, qui, là, était à pic. Ce n'est pas une fois, mais très souvent que nous eûmes cette difficulté.

Un moment vint où nous restâmes ébahis : la crête était rompue, à angle droit ; c'était une brèche, brèche profonde et longue de douze mètres. Un arbre de grosseur moyenne, déraciné, — je suppose, — et couché par l'éboulement, s'allongeait, comme posé de main d'homme, de l'un à l'autre bord. Depuis combien de temps était-il là ? C'est aujourd'hui que je me le demande.

Il fallait traverser, très heureux encore de ce pont d'un nouveau genre. Cette crête ne devait pas avoir à sa base plus de trente mètres d'épaisseur.

Mon ami était plus assuré que moi ; sans lui, je n'aurais pas essayé de passer. Nous nous mîmes à califourchon, lui le premier, tournés l'un vers l'autre ; car je sentais que j'aurais besoin de son secours.

Sur quel arbre voyagions-nous? Je n'en sais rien. L'écorce en était rugueuse. Elle offrait de nombreuses aspérités, qui ne nous ménagèrent pas. Mais notre préoccupation était telle que nous n'eûmes pas l'idée de nous en plaindre.

A peine étions-nous au tiers que je me couchai sur le tronc et l'enlaçai de mes bras.

« Je suis perdu, dis-je alors; si vous ne me tenez, je sens que je vais me précipiter, le vertige m'entraîne. »

Mon ami se pencha un peu et me serra fortement la tête. Je me remis au bout de quelques minutes; mais je ne pus me résoudre ni à me redresser ni à ouvrir les yeux. Nous continuâmes ainsi.

Mon ami ne se servait que d'une main pour faire glisser son corps; il me tenait de l'autre.

Vers le milieu, je refusai d'avancer.

« Adieu! lui dis-je; c'est moi qui suis la cause de ce voyage, laissez-moi rouler dans le précipice. — Vous déraisonnez, répondit-il; je ne vous ai pas entendu. »

Il ne cessa dès-lors de me parler et de m'encourager.

« Nous y sommes, me disait-il; encore un peu; nous y voilà. »

C'est qu'en effet nous arrivâmes.

La crête se continuait, ne pouvant plus s'amincir. La brise se faisait maintenant sentir quelque peu, d'où nous conclûmes que nous n'étions pas loin du bout. Le bruit de l'eau montait toujours jusqu'à nous, et par suite de la fatigue, de la chaleur et de la soif, nous entendions dans l'atmosphère un bourdonnement étrange.

Je ne sais si le cri que nous poussâmes en voyant une éclaircie, ne fut pas un cri de frayeur : dès le premier coup d'œil, on pouvait craindre une déception, et la déception fut grande en effet.

La crête se terminait à pic, les cours d'eau se réunissaient, les flancs de leur lit, sauvages et abrupts, hérissés d'arbres, tapissés d'herbes, de ronces et de lianes, prolongeaient encore le précipice, et la mer nous apparaissait dans le lointain.

Que faire ? Nous revînmes sur nos pas. Je vous laisse à penser ce qu'il en fut.

— Assurément, monsieur, ce que nous voyons ici n'est rien ; je vais gravir comme un chevreuil.

— Comme une biche, madame.

C'est bien, voilà un bon coup de collier. Reposez-vous sur ce petit plateau. Prenez votre mouchoir, un peu pour la sueur... Il faut dire aussi... ah! mes bons Oranais, il faut dire... que ce n'est pas propre.

En marche, comme si nous montions à la Soufrière, ou plutôt... Je regrette bien que vous ne connaissiez pas Bône. Quelque cent mètres en dehors de la porte de Damrémont, — si je la nomme bien, — sur la gauche de cette magnifique route qui longe la rade et conduit, indolemment sinueuse, aux Bains de la Grenouillère, un peu avant le pied de la porte de la Kasba, au nord de la ville, se précipite, tout écorché, ou se dresse, si vous êtes en bas, un énorme flanc de terre brune, crevassé de plaques schisteuses au brillant pailleté, flanc très rapide, audacieux presque, entre deux promenades, j'allais dire les plus belles du monde. La terre était un peu détrempée, car il pleuvait depuis quelques jours. Sous une averse donc, et pour faire plaisir à mes enfants, — un garçon de quatre ans et une fille de onze à peine, — c'est bien là que je descendis, moi devant eux, tenant le garçon d'une main, de l'autre le parapluie, et ma fille nous suivant.

« Regarde là-bas ces messieurs qui nous regardent, me disait mon garçon ; il y a un soldat. S'il veut, je vais me battre avec lui. — Tais-toi donc, tu vas me faire tomber! — S'il me gagne, je lui donnerai un berlingot. »

C'est à peu près, madame, la même pente qu'ici ; il ne faut pourtant pas mentir, elle est un peu plus raide et beaucoup plus dangereuse. Ceci me rappelle un point que j'ai oublié en parlant de Bône : c'est qu'on peut se promener par le plus mauvais temps sans crainte de salir ses souliers ; ce qui ne saurait avoir lieu ni à Tlemcen, ni à Oran, ni à Constantine surtout ; aussi, à Constantine, fait-on comme dans mon pays, on relève le pantalon.

— Vous voyez, monsieur, que pour une créole, je me comporte bien.

— Les Blidéennes, madame, toutes vives qu'elles sont, ne feraient certes pas mieux.

Ne regardez pas ; les sentiers s'offriront toujours d'eux-mêmes.

Attention : si nous tournons à droite, vous vous servirez de vos mains.

Mais... suivons l'autre sentier, nous en serons quittes pour allonger un peu.

Bien. Nous voilà sur une route. Devant nous, quelques maisons. Encore un faible coup de collier, à droite, entre deux ou trois maisons et un bloc de terre.

— Ah, ah! vous marchez à reculons?
— Non, je glisse.
— Erreur, vous ne glissez pas : c'est ce terrain rouge, qui s'en va sous vos pieds et vous le suivez.

Du courage! nous y sommes. Inutile d'entrer dans la maison : je voulais seulement vous faire voir comment on vient au jardin Westford.

— On ne dirait guère que nous soyons dans un jardin.

— Voilà, madame; c'est ainsi que s'appelle ce quartier. Vous remarquerez pourtant qu'il y a quelques arbres et que presque chaque maison a son jardin, — belles maisons, comme vous voyez, entre autres, celle de M. Jacques, grand avocat. Ici, à l'avant-scène, au-dessus de la route qui serpente là-bas, large d'un mètre, même moins, si nous la mesurions, — à cent mètres de haut, suspendue, c'est bien le cas de le dire, au flanc de cette falaise rouge qui menace à pic les quais de la darse, — ici, madame...

Je ne puis continuer sans un serrement de cœur.

Vous voyez cette maisonnette, à la tonnelle hardie, vive et gracieuse? C'était la demeure de Valentin Bossi.

Il y a parmi les Italiens, — autant en dirai-je des Espagnols, — des âmes d'élite, de bien nobles cœurs, on ne saurait le nier. Ils ont même sur nous cet avantage qu'ils se font une passion des vertus dont ils sont doués. Je ne fais en ce moment allusion qu'à l'amitié : avoir un Espagnol ou un Italien pour ami, — je parle des bons, — c'est avoir mieux que soi-même. En face de l'amitié de Valentin, j'avais honte de mes piètres sentiments. Moi qui me croyais du cœur, que j'ai réfléchi depuis sur le vague de mon dévouement ! Je ne lui avais fait aucun bien, et pourtant, pour m'être utile, il se serait exposé à tout.

Il avait son père avec lui, excellent homme s'il en fut, aveugle je ne sais depuis quand, belle figure, cœur noble aussi et résigné, heureux, — autant qu'on puisse l'être en cet état, — des soins dont il était entouré. Il ne connaissait point le français, mais il s'exprimait dans sa langue avec tant de pureté, que, ravi de l'entendre, je me faisais une fête de sa conversation. Il mourut, ce bon vieillard, et Valentin, — qui se dévouait aussi pour d'autres, — ne tarda pas à le suivre, succombant, tout jeune encore, à un excès de travail.

C'est bien là cette maisonnette, c'est bien sous

cette tonnelle que je passais des soirées délicieuses; je recueillais presque religieusement, — mes yeux s'en humectaient quelquefois, — une à une, toutes ces notes langoureuses et mélancoliques, que l'Espagnol de la Calère laisse tomber de ses lèvres rêveuses. Il s'accompagne de la guitare. Ils sont trois, quatre, cinq, et par groupes, l'un ici, l'autre là-bas. Les uns, nonchalamment assis par terre, devant leur porte, entourés de femmes et d'enfants, le front calme, le cœur insouciant, l'âme tranquillement radieuse, chantent d'une voix presque triste et s'accompagnent de la guitare. D'autres, plus près de nous, — allant et venant sur cette route suspendue, d'un pas toujours grave et lent, qui s'interrompt quelquefois, — confient à l'obscurité du talus les notes de leur sentiment.

Ils ne se doutaient point qu'un cœur sensible était là, qui les remerciait.

Ce que j'éprouvais de bonheur, madame, j'ai peine aujourd'hui à me l'imaginer ; rien ne saurait être comparé à la suavité de cette mélancolie. Jamais, je vous le jure, musique ne m'a tant ému. Il se peut que ce soit chez moi un travers de la nature ; je ne le discute pas, je craindrais de nuire à mon bonheur.

Je ne parle pas de la vue de la mer, immense et d'un bleu souriant, que nous offre le jardin Westford, cette hune de perroquet, comme l'appelleraient les Bônoises. C'est un avantage que vous apprécierez, et dont ne peuvent bien jouir, à Bône, — je veux dire sans dérangement, — que les habitants de la rue d'Armandy.

Reprenons notre voyage. Comment revenir à la rue d'Orléans ? Descendrons-nous par où nous sommes montés ? Non, parce qu'on descend quelquefois trop vite et qu'il peut en résulter plus que de la fatigue. Vous serez, du reste, bien aise, en suivant la route que nous avons touchée il y a un instant, de voir l'ensemble de la Calère et de la Marine ; car nous dominerons là comme des aigles, sans pourtant voir autre chose que ces deux quartiers et l'avant-scène du quartier des Juifs, où ma plume aura soin de vous porter plus tard.

Passons sous silence un campement de soldats, à notre droite, environ cent mètres au-dessous du fort ; nous ne pouvons les voir. Du reste, notre but est de retrouver la rue d'Orléans.

Nous arrivons en face de l'église. Du jardin Westford jusqu'ici, nous avons marché presque en plaine. Prenons maintenant une descente très rapide, mais travaillée par le Génie. Elle nous mène à la rue de l'Arsenal, et à l'embouchure d'une longue voûte, qui, passant par dessous l'église et la place de l'Église, nous fait découvrir un nouveau quartier. Nous nous trouvons sur une petite place dont j'ignore le nom. Le bâtiment que vous avez à gauche, est une ancienne mosquée, dont on a fait un hôpital. Le large escalier que nous avons par derrière, nous conduirait à la place de l'Église. Mais je m'aperçois que nous nous sommes égarés ; c'est l'orifice du tunnel qui nous a séduits. Revenons sur nos pas.

La rue de l'Arsenal nous mène, en tournant et descendant, jusqu'à la rue d'Orléans. A la jonction de ces rues, commence une belle place, peu régulière, il est vrai, bordée à droite par des maisons, et, à gauche, par un ravin.

Si, prenant à gauche, nous franchissons le ravin, nous avons en face un talus formidable, par où l'on grimpe au *marché du théâtre*. Aujourd'hui, madame, cette ascension se fait par un bel escalier ; mais au mois d'août 1866, on le commençait à peine, et le sentier fuyait sous le pied et s'envolait au gré du vent.

Laissons le marché jusqu'à nouvel ordre ; suivons la grande rue qui nous mène à la *place Kléber*, courte rue, mais large et à belles maisons. Nous pourrions, de la place Kléber, pénétrer et nous promener dans le quartier que nous n'avons pas voulu explorer du côté du tunnel. C'est une ville complètement séparée de la Marine et de la Calère ; elle s'étend le long du ravin ; elle est grande et elle a de belles maisons. La droite, composée de ruelles et d'escaliers, est habitée principalement par des Espagnols, des Marocains, des Arabes et des officiers. En montant toujours vers la droite, nous arriverions sous la Kasbah, occupée et habitée par les militaires. Nous ne pourrions que la voir et même en levant bien la tête ; j'ignore encore le sentier que l'on suit pour y grimper. Restons donc à gauche. Faisons un tour sur le boulevard Malakoff, qui n'est pas laid, comme vous voyez, malheureusement très court.

Nous connaissons déjà deux villes bien distinctes, en supposant que nous voyions d'ensemble la Marine et la Calère, et le Jardin Wesford, qui, vus des hauteurs, n'en faisaient qu'une. Oran est une grande ville et bien bâtie. Comme étendue, Bône ni Constantine ne sauraient lui être comparées. Ce que je tiens surtout à vous faire remarquer, et qui me plaît singulièrement, c'est la bizarrerie de ses quartiers et de ses rues.

O ville enchanteresse, qu'est-ce en toi qui m'a séduit ? Serait-ce ton soleil de feu, tes bosses de chameau, ta rade où les vents s'engouffrent ? Je l'ignore et ne veux point le savoir ; qu'il me suffise de t'aimer.

En suivant le boulevard Malakoff, nous voyons, comme suspendues à trois cents mètres au-dessus de nous, une longue file de maisons, alignées sur une crête à pic, qui borde la gauche du ravin. Voulez-vous y aller ? Nous pouvons y monter de plusieurs manières : ou bien par escaliers et, — par interruption, — sentiers ordinaires, ou bien par ces sentiers sans escaliers, ou bien, en regagnant la place Kléber, par la rue Philippe, d'une raideur peu commune, mais richement bordée. Cette dernière voie demande beaucoup plus de temps ; on ne la prend que lorsqu'on n'est pas pressé. Mettons-nous dans ce cas.

Dans la rue Philippe, nous sommes tentés, pour raccourcir et pour faire comme tout le monde, de prendre la rue de Gênes.

De belle apparence, direz-vous. Oui, mais... escaliers d'un bout à l'autre, qui me fatiguent parce qu'ils me forcent à marcher en boiteux, c'est-à-dire à monter par deux temps et à frapper chaque temps fort toujours du même pied.

Comment cela ? C'est bien simple : les degrés sont trop éloignés pour que, succédant à la droite, la jambe gauche puisse atteindre le second, et ils sont trop rapprochés pour que la droite puisse compléter le pas que la gauche a commencé ; au point qu'on ne peut s'empêcher de rire quand on considère ceux qui montent, et de se demander si ceux qui descendent n'exécutent pas une danse de fous.

Gardons la rue Philippe ; nous verrons le marché du théâtre, — qui fut, un beau matin, singulier de terreur. On avait, dans la nuit, appris la déchéance de Napoléon, et la proclamation de la République. C'était, si j'ai bonne mémoire, en mil huit cent soixante-dix. L'atmosphère était un peu agitée, il était facile de prévoir quelques grondements. Cela n'empêchait pourtant pas les affaires, le marché surtout ; car l'air a beau gronder, ventre affamé n'a point d'oreilles.

Les marchands vendaient, les ménagères achetaient, les bourricots se reposaient, et je regardais le tout, non loin de ce fameux talus dont j'ai parlé déjà, et qui, jadis, s'émiettait au gré du vent.

Tout à coup, nous arrive au galop, baïonnette en avant, l'œil égaré, le front plissé et coude en arrière, une compagnie de zouaves.

Ne vous effrayez pas, madame : c'étaient des zouaves neufs, on les avait faits de la veille.

Marchands et acheteurs, tout fila que ce fut un plaisir ; les bourricots gardèrent la place. L'escalier bossua des fronts, et tant roulèrent dans le talus qu'il n'y eut pour moi pas même un pied de terre : force me fut de rester là. Aussi, madame, si vous le voulez bien, nous allons continuer notre route.

Nous laisserons à gauche la promenade de Létang, sans contredit la plus belle de la ville, ombragée et perchée, faisant face à la mer, magnifique terrasse, où la musique, à certains jours de la semaine, comme chez vous, madame, sur le Cours, aux beaux tamariniers, attire en quantité de fort jolies et belles promeneuses.

Je vous le dis à l'oreille pour que la Blidéenne n'en soit pas jalouse, il y a de bien belles femmes à Oran.

Au-dessus de la promenade, est le Château-

Neuf, l'un des nombreux forts de cette redoutable place.

Poursuivons. Nous trouvons plus haut le temple protestant, vis-à-vis la nouvelle mosquée, et nous arrivons à la place Napoléon. A gauche, vous voyez une porte, qui nous donnerait accès dans une autre ville, très étendue et plus distincte encore, qu'on appelle la Mosquée. Nous la laisserons où elle est, c'est trop loin.

Avançons toujours en montant. Nous voici dans la rue Napoléon, quartier des Juifs. A droite, en parallèle, nous trouvons le marché de la *Place-Blanche*, et, — qui continuent, composent, pourrait-on dire, le marché, — une foule de petites boutiques de Juifs, la rue entière, qui n'est pas mal longue.

Voilà donc cette troisième ville que, du boulevard Malakoff, nous voyions au-dessus de nos têtes.

Si je ne consultais, madame, que votre intrépidité, nous poursuivrions jusqu'au bout notre montueux itinéraire.

Après vous avoir dit quelques mots de la Loge, que nous trouverions là tout près, où j'ai passé une agréable soirée sous des flots de musique et de discours...

— Vous êtes maçon, monsieur!!!

— Ne vous effrayez pas, madame, c'est moi le plus méchant.

Nous prendrions, à droite, un sentier vraiment original, qui nous abrégerait bien la descente; mais la nuit pourrait nous y surprendre, et votre courage, à tort sans doute, faillirait en rasant ce rocher à pic, le pied frappant dans l'incertain et le corps et l'esprit comme balancés dans des ombres suspendues. Revenons donc à votre charmant pays, d'où je ne vous ai tirée un instant que pour vous faire voir combien vous êtes heureuse et combien peu ma Blidéenne est faite pour Oran.

A CONSTANTINE

VIII

Constantine. — Dans les rues. — Prix du terrain, — du charbon, — du bois qui brûle, — du bois qui ne brûle pas. — Bassine à douches. — Logements. — Bureau d'une administration. — Coup d'œil des montagnes. — Le Rummel. — Un rêve. — Constantine en canot. — Cascades d'El-Ourit. — Cascades du Rummel. — Ce qu'on jetait.

Si vous ne connaissez pas Constantine, mon cher, risquez un voyage. C'est une ville de mouvement, très agréable pour ceux qui ne sortent pas.

En temps de pluie, elle est impraticable, et par beau temps, tant souffle le vent, qu'autant vaudrait la pluie du mauvais temps; on ne peut guère marcher qu'un voile sur les yeux, un bâillon à la bouche et des tampons dans le nez,

Peu étendue relativement à son commerce et à sa population, elle a, dans les rues, l'aspect d'une grande villle : qu'il pleuve ou qu'il vente, qu'il gèle ou fasse chaud, c'est toujours plein, et en certains endroits, c'est un tourment que de passer.

Au faubourg, le terrain se vend douze francs le mètre; en ville, on l'a payé jusqu'à quatre cents francs.

La température est aussi capricieuse qu'à Tlemcen : il gèle le matin, il fait chaud dans la journée. Quand il neige seulement sur les hauteurs, on se voit entouré d'une belle couronne blanche.

— Combien ce charbon? lui dis-je.
— Douze francs. Mais il est bon.
— Combien le vendriez-vous s'il n'était pas bon?
— Monsieur, nous ne tenons pas de mauvaise marchandise.
— Et celui-ci?
— Neuf francs. Mais il ne vaut pas l'autre.
— C'est bien mon affaire : je cherche celui qui ne vaut pas l'autre. N'en auriez-vous pas qui ne vaille pas celui que je cherche?

— En voici à six francs. Mais il ne fera pas e même usage.

— Pour l'usage que j'en fais, ce sera toujours bon. Figurez-vous, monsieur, que je le fais brûler.

— Ah!

— C'est comme je vous le dis. Et ce bois?

— Cinq francs.

— Et celui-ci?

— Six francs.

— Quelle différence y a-t-il?

— C'est que l'un brûle et que l'autre ne brûle pas.

— Donnez-moi donc de celui qui ne brûle pas : c'est double économie.

Un peu plus loin.

— Qu'est-ce que c'est que ça?
— C'est une bassine.
— Pourquoi faire?
— Pour prendre des douches.
— C'est un malade qui vous l'a commandée?
— Non, monsieur, ça se vend journellement.

Un peu plus loin.

— Combien le logement?
— Quel logement ?
— Vous n'avez pas un logement à louer?
— Non, monsieur.
— Je vois un écriteau sur votre porte.
— Je le laisse en permanence ; il y a plus de dix ans qu'il est là.

Vous passez à un autre : *Grands appartements à louer*.

— Vous avez un logement?
— Ce n'est pas ici, c'est dans telle rue.

Vous vous y rendez. C'est très loin ; il vous faut un quart d'heure. Vous entrez. Personne en bas. Vous montez un escalier, dans une obscurité complète. Presque toutes les maisons en sont là. Vous frappez à une porte quelconque, — que vous devinez.

— Le propriétaire?
— C'est moi.
— Vous avez un logement?
— Oui, monsieur.
— Quel prix?

— Soixante francs.
— C'est un peu cher ; c'est donc bien grand?
— Ah! pour ça, c'est grand.
— C'est au premier?
— Au troisième.
— Combien de pièces?
— Il y a deux appartements.
— Mais combien de pièces?
— Je vous le dis, deux appartements.
— Oui, mais combien de pièces?
— Monsieur n'est pas Français?
— Pourquoi ça?
— Puisque vous ne comprenez pas!
— Je comprends maintenant. Voyons ces deux appartements.

Vous montez... à tâtons. On vous fait voir deux petites pièces, de quoi mettre un lit, deux chaises et une table de nuit.

Vous allez chez un autre. Même réponse qu'au premier : l'écriteau reste toujours.

Enfin, vous y êtes, vous le croyez, du moins.

— Vous avez un logement?
— J'en ai plusieurs. Combien de pièces vous faut-il?

— Trois au moins.
— J'ai bien votre affaire.
— Quel prix ?
— Soixante-quinze francs.

On se risque à visiter. On trouve en effet trois pièces, dont l'une bien éclairée, l'autre en pénombre et l'autre dans l'obscurité.

— Quant à la cuisine, ça ne fait rien, monsieur : vous pourrez faire la cuisine au pétrole ; vous n'aurez pas besoin de bougie.

Désespéré, vous y renoncez et vous allez au faubourg Saint-Jean ou au faubourg Saint-Antoine, — où pour cinquante francs vous trouvez trois pièces et une cuisine. Mais ne concluez pas sans demander s'il y a des lieux d'aisance.

Vous devez une visite à M. X., haut fonctionnaire.

— Où est son bureau ?
— Dans cette grande et belle maison qui fait face... là-bas, au deuxième.

Belle maison, en effet, toute neuve, à peine terminée. Le jour dans son plein illumine la porte, toute grande et majestueuse, deux énormes battants. Vous montez. Quelques marches à peine, et vous êtes dans l'obscurité. Au deuxième, quatre ou cinq portes. A droite, par la blancheur qui s'en détache, vos yeux devinent un assez large écriteau. Vous prenez une allumette et vous lisez : *Bureaux de M. X. au fond du corridor*. Mais point de corridor. On frappe ; rien ne répond. On se décide à ouvrir et l'on se trouve dans un boyau, dont on ne peut prévoir la fin. On se risque, car il faut en finir ; on mesure à pas lents et avec précaution vingt-cinq à trente mètres. On tourne alors à droite, perpendiculairement. Un autre boyau vous conduit, sous la demi-lumière d'une demi-imposte, à la porte de M. X. Total de son avoir : deux petits cabinets.

Dans tout ce que je viens de vous dire, je n'ai pas voulu faire une charge ; ces notes ont été écrites au jour le jour.

Ce qui me plaît à Constantine, c'est le coup d'œil des montagnes. Je n'ai pas besoin de m'y rendre, il me suffit de mon imagination pour en savourer toutes les douceurs. Ce qui m'est aussi très sensible et très agréable, c'est ce Rummel qui nous enserre, précipices affreux, que j'aimerais à voir dans tous leurs détails. Il y manque une chose dont je donnerais bien l'idée si notre siècle savait faire le sacrifice de quelques intérêts ; ce serait d'arrêter le Rummel quand il nous quitte et qu'il se dirige vers le nord-ouest. On aurait alors, —ce serait si beau que je n'ose pas le dire, tellement beau que tout l'univers viendrait nous visiter, nous bénir et nous enrichir ; que nous serions tous marchands et millionnaires en quelques mois ; que notre vie s'écoulerait comme un fleuve majestueux qui traverse une prairie émaillée de fleurs ; — on aurait une ceinture comme Vénus n'en eut jamais, qui se terminerait par un lac immense et une cascade de toute beauté, selon la hauteur qu'on lui donnerait. Nous aurions là... La pensée seule me rend tellement heureux, qu'il vaut mieux m'en tenir au rêve et réserver mon projet. On ne m'écouterait pas, on me ferait croire que c'est impossible, et j'aurais le regret de n'y pouvoir plus penser. Ah ! que ne suis-je assez riche pour acheter Constantine ! Je me ferais construire une flotte et je me promènerais nuit et jour tout autour de mon rocher. Je leur dirais : «Mes bons Constantinois, nous sommes faits pour nous entendre. Voulez-vous rester avec moi ?... Je vois deux yeux là-bas qui me disent un oui aussi profond que celui qu'ils m'ont dit un jour...

je laisse la rue en blanc, — et deux autres un peu plus loin, qui me tinrent le même langage entre la halle aux grains et la route de Sétif, — et deux autres tout aussi noirs, qui ne furent pas moins expressifs sous les arcades de Rohault-de-Fleury.

Et d'un à un, jusqu'au dernier, tous diraient oui.

Plus de loyer, plus de bureau, plus de métier ! Tous en canot sur notre lac ; quelle vie nous passerions là ! Quelle somme de bonheur pour le sacrifice d'une petite zone !

Ce n'est pas le terrain qui manque en Algérie. Je vous en donnerais tant que vous voudriez. Du reste, qu'en feriez-vous ?

Sauf donc cette petite ceinture, nous conserverions tout, même le pont d'El-Kantara, qui est si pittoresque et si hardi.

Le précipice serait réduit ? La belle affaire ! nous saurions qu'il existe sous l'eau. La conduite d'Aïn-Fesguia qui nous viendrait comme du fond du lac ne continuerait pas moins à alimenter nos fontaines ; elle n'en serait que plus intéressante.

Les squares ne seraient plus blanchis par la poussière et brûlés par le soleil. Les églises, les mosquées, les places, les marchés, le théâtre, tout serait conservé.

Comme nous n'aurions plus besoin de soldats, les casernes et surtout la Casbah nous serviraient de salle de bal. La bosse du Koudiat-Ati ne serait plus déplaisante ; au contraire, nous y planterions des arbres, qui pousseraient comme par enchantement. Ce serait, sur ce flanc de notre île, d'un aspect merveilleux.

Il nous faudrait, je le comprends, sacrifier les cascades qui grondent sous la Casbah. J'ai de la peine à me faire à cette idée car elles sont bien belles. Elles me rappellent les cascades d'El-Ourit, à deux lieues de Tlemcen, — simple association d'idées, car ce n'est point du tout le même genre. Je suppose qu'en venant de Tlemcen vous vous arrêtiez sur le pont qui unit les deux lèvres de la Saf-Saf. Vos regards se tournent en amont, et vous avez alors, à droite et à gauche et en face de vous, l'un des tableaux les plus séduisants. Les relateurs de voyages, touristes au cœur sensible, géologues ou botanistes, géographes ou antiquaires, qui tous ont comme moi, — peut-être moins, je ne dis pas, — la démangeaison de se faire imprimer…, je ne les consulte plus : ils sont tellement avares de leurs impressions, que leurs descriptions se réduisent à me raconter ce qu'ils ont fait. « Ils se sont assis à gauche, là-bas, ils ont déjeuné sous un arbre, ils ont bu beaucoup de vin ; un Arabe leur a apporté des cerises, car il y a des cerisiers, là, tout près, dans le ravin ; ils ont essayé de se baigner, dans un petit bassin, un peu au-dessus du pont, mais l'eau était trop froide et ils sont sortis. » Ils ne nous disent rien, en somme, des cascades, sinon que c'est très beau.

A droite donc, vous le voyez, le rocher se présente à pic, cent mètres ou un peu plus, presque partout garni de verdure, — plantes ou arbrisseaux qui se dressent, avides d'air, de lumière et de ciel bleu ; herbes tombantes et entrelacées, moelleux tapis, qu'émaillent comme perdues dans un sourire, quelques belles-de-jour roses ou bleues, au cœur blanc velouté ; tout y est souriant : fissures et anfractuosités, trous à chouette creusés par la pluie, accidents bizarres et saillies suspendues, que les siècles ont sculptées, tournées et dentelées ; et là-haut, sur le rocher, nous regardant d'un œil curieux, gardien de quelques chèvres, un Arabe au burnous déchiré ; il attend que nous soyons partis pour effrayer à coups de pierre les corneilles et les pigeons, les vautours aussi, qui planent au-dessus de nous. C'est au pied de ce mur gigantesque que se creuse sur un parcours de cinq cents mètres le ravin des cascades, graduellement sous un coup d'œil d'ensemble, mais par sauts et par bonds pour qui le voit en détail, — d'ici tout tapissé de verdure, mais, pour le visiteur intime, parsemé de rochers, bosselé, déchiré, effondré, hérissé de frissons et d'affres, — vrai site de rêveur, où la tirade la plus onclueuse, la période la plus poétique est interrompue par le *miâgh* du chat-tigre ou le rugissement de la panthère (1). Mes cheveux se dressent rien que d'y penser ; revenons vite aux cascades du Rummel, qui sont bien belles, comme je l'ai dit, d'un genre tout différent, d'une sauvagerie plus noire ; mais plus directement imposantes, tant on y est enserré, je pourrais dire étreint ; d'un volume énorme, j'entends après la pluie ; de chutes plus larges, plus profondes, immédiates et plus accentuées ; d'un mugissement infernal, d'un aspect sans mélange, tellement grandiose et tellement cru, qu'on se sent entraîné dans l'abîme ; on a peine à se défendre.

(1) Cela m'est arrivé ; c'est ainsi que je le sais. L'animal, quel qu'il fût, n'était qu'à deux pas de moi, dans une caverne d'étroite ouverture.

On y arrive comme par surprise, par un chemin creusé dans le roc, — entrée vraiment curieuse et tout exprès faite pour l'étonnement.

Si l'on n'était, deux minutes avant le spectacle, tout au bout du chemin, prévenu que l'on va voir des cascades, on ne saurait à quoi attribuer le grondement que l'on entend. A droite, presque en surplomb, la face lisse du rocher ; à gauche, masquée par la verdure, dissimulée même par des plateaux cultivés, une pente d'assez douce encolure ; en face, comme sans interruption, en relèvement plus vif, l'autre flanc de la colline, — du ravin, puisque nous le savons, — tout aussi verdoyant, planté d'arbres et accidenté ; sous les pieds ou peu s'en faut, un canal d'un mètre et demi, qui, s'échappant d'un tunnel, s'en va paisiblement faire tourner les roues d'un moulin ; et tout près, là, devant, sous les yeux presque à la toucher du doigt, une racine du rocher, qui se dresse en crête aiguë ; rien certes ne laisse pressentir une cascade, et l'on n'est pas loin de se demander si l'on ne s'est pas trompé de route.

« Qu'on ait là, sous les pieds, qui coule à droite et lentement, le Rummel canalisé... Il est si bizarre, ce Rummel, et si souvent il joue à la voûte, qu'on peut sans étonnement le voir d'un bloc sortir du rocher ; mais que dans cette voûte, calme tel qu'il débouche, il produise un grondement épouvantable..., on a beau se torturer l'esprit, on n'y arrive pas. Que, d'autre part, — solution vraisemblable et la seule possible, — ce fracas de l'air provienne des cascades annoncées, ces cascades évidemment sont encore bien loin, et pour un vacarme de cette intensité, ce n'est pas le Rummel qui le produira. »

Pauvre raisonnement ! Qu'est notre esprit, comparé à la nature ? Eh ! oui, c'est le Rummel, à cinq pas, là, devant nous, derrière cette arête. Passez donc, enfourchez cette entaille !

Sans doute, nous voyons tous de la même manière, mais nous sentons différemment. Comme je ne réponds que de mes impressions, je vous suppose une organisation pareille à la mienne.

A peine votre œil se dégage-t-il de cette entaille, que vous occupez l'un des bouts de la base d'un triangle horizontal, triangle isocèle de dix-huit à vingt mètres de long sur quinze de base ou à peu près (1). Le côté droit se dresse à pic,

(1) Ici, je dois me tromper sur les mesures, car c'est

trois cents mètres de haut, et soutient la Casbah ; le côté gauche est aussi à pic et très haut, mesuré au sommet ; mais à partir du premier tiers, il se déforme et s'écrase graduellement ; du côté de la base, un large sentier serpente et monte dans son talus.

C'est du sommet du triangle que débouche le fleuve, effet singulièrement pittoresque pour qui voit, de l'angle où vous êtes, les deux côtés se rapprocher, se réunir, se souder derrière son bouillonnement.

Il jaillit donc, ou plutôt il s'échappe du point d'intersection et s'épand comme avec fureur sur la surface du triangle.

En fait-il du travail et du bruit dans ce petit plateau !

Tout brun qu'il est, je ne sais comment dire, tout nuancé de boue par de longues et fortes pluies, qui lui sont arrivées cascadantes, bouillonnantes, pleines d'yeux, fières et heureuses du ravinement de la montagne, — il vous a

de souvenir que je fais cette description. Je serais heureux si quelqu'un de mes lecteurs voulait bien me dire de combien, à peu près, mes chiffres s'éloignent de la vérité. — Adresser à Eug. Del B., chez l'éditeur.

paru, le bizarre, sortir, non pas de terre, d'une voûte non plus, mais..., vous ne savez d'où, et s'épandre, je l'ai dit, s'élargir, se développer, s'ouvrir en éventail, — se succédant à lui-même, en flots pressés et serrés, sombres et effarés ; surpris de son évasement ; franc, turbulent, échevelé, quelque peu farouche, étonné presque de votre regard ; s'animant à droite, à gauche, au milieu ; murmurant, se plaignant, mugissant d'un obstacle, d'un rien, d'une épaule de rocher, d'une pointe qui le déchire au fond, l'excite, l'irrite et le fait écumer.

N'ayant qu'un but et ne luttant pas, il se fouette dans ses bosses, dont il ride et allonge les flancs, il se creuse en cannelures, se comprime, se serre et se hâte de se rattraper ; car il veut arriver tout plein, majestueux dans son emportement, pour bien s'arrondir à la chute, — qu'il attaque avec orgueil, sous les rayons du soleil, en mesure, sans hésitation, dans toute sa largeur.

Et se dessinant en vaste nappe qui blondit, de brune qu'elle était, il s'élance et s'enroule tout irisé en immenses spirales perpendiculaires, qui, côte à côte et se touchant, tournent les unes, tournent toujours, les unes d'un côté, tourbillon dormant, moelleux, velouté, flatteur et séduisant ; les autres à l'opposé, qui se jouent et chatoient, plus gracieuses d'éloignement, tout aussi majestueuses, et plus voilées encore, dirait-on, de cette poudre d'eau, gaze de brume et poussière diamantée, que le soleil irise. L'une d'elles, vers le milieu, se prolonge sur un obstacle et bondit en large crinière, — plus rapide en apparence, — un peu plus loin dans l'espace. Mon esprit les suit, tourbillonne avec elles, ravi, séduit et fasciné, et peu s'en est fallu de mon corps.

Masse imposante, et blondes dans leur enroulement, fières et réjouies de ce premier bond, elles blanchissent, huit mètres plus bas, sur le rocher qui fait table, mugissent, en se brisant, un grondement prolongé, redoublent d'animation et bondissent de nouveau.

Mais ici, plus rien ne dort, ni nappe ni spirales. La nature a varié tout exprès les pointes et les entablements, les moulures en saillie, les cannelures déchirées, tordues, tourmentées, et les bosses qui s'allongent pour former des nappes arrondies. Ici c'est un jet colossal, qui s'élance en fusée, — mousse de neige, mais blondie, — à deux mètres, peut-être trois ; tout près, c'est un remous, qui se retourne furieux et se brise en grondant contre la pointe où naît le jet ; tout à côté, se dessine complaisamment, mais active et orgueilleuse, une large et forte nappe, d'encolure hardie, de crinière hérissée, à flocons majestueux, qui s'enroulent horizontalement, se succèdent entrelacés, et mollement et gracieux s'abandonnent à l'espace ; non loin, c'est un choc effréné de deux masses qui se brisent, grondent et se confondent, s'échappent en partie comme se fuyant elles-mêmes et se dispersent à leur cime en cirrus diamantés, que le soleil irise dans leurs rayons d'argent. Un peu plus loin, sur le même entablement toujours, c'est un courant rapide qui s'est canalisé, qui veut gronder aussi, qui se hâte, se cherche une issue, s'écrase torrentueux contre les flancs du précipice, mugit comme un chant de douleur et rebondit en éventail. Vacarme d'enfer, bonds échevelés, chutes gracieuses, épouvantables chocs, — c'est une débauche d'harmonie qui va se résoudre, huit mètres plus bas, sur une saillie encore plus heureuse.

Combien d'échelons ? Cinq au moins que l'on pourrait décrire. Les autres, — je n'en sais le nombre, — se perdent pour l'œil sous une voûte de verdure ; car les deux bords qui les encadrent, ce n'est pas le mot, qui les encaissent, — rocher noir et luisant, taillé, fendu à pic, comme d'un coup de hache, — semblent se rapprocher pour marier dans l'espace les arbres qui les couronnent. C'est là-bas, là-bas, bien loin, après quarante mètres d'échelons, de saillies à pointes et d'entablements dentelés, que l'œil se dessine cette illusion de gouffre et laisse les courants, les nappes et les jets... continuer seuls leur sarabande jusqu'au jardin de *la Poudrerie*.

L'imagination est confondue. On se tient là, debout, tout ébahi, et non sans quelque danger : l'étonnement, l'admiration, l'aspect prolongé de ces chutes grandioses, de cette merveilleuse et séduisante fantasia, donne peu à peu, non le vertige, mais une éblouissante sensation, un vague désir de s'abandonner aux nappes qui s'enroulent. Je vous l'ai dit, ce sont mes impressions que je rapporte, non les vôtres. Je me cramponnais souvent à un accident de rocher, et si j'avais été seul, ma raison m'aurait dit de prendre la fuite. Pour me donner de la force, et me gardant bien de communiquer ma pensée, je détournais parfois mes yeux et j'attirais l'attention des autres sur ce rocher de trois cents mètres, qui encadre, — le terme est impropre, — qui encaisse le plateau triangulaire.

A droite, la prise d'eau, qui s'écoule canalisée, toute calme et silencieuse au milieu de ce fracas, et quelque peu avec le regret de ne pouvoir bondir ; entre elle et le flanc du triangle, quelques blocs détachés ; et là-haut, tout au haut, juste à ce point où l'illusion fait joindre les deux côtés... Réflexion terrible, mais salutaire... Quel enseignement notre pauvre civilisation pourrait en tirer !... N'est-ce point de là, dites-moi, que les Romains et les Barbares... jetaient, en les prenant par la tête et les pieds, les balançant trois fois et leur crachant à la figure, la corde au cou et une pierre au bout de la corde, et toutes nues, — comme l'on fait aujourd'hui d'une bête immonde, — n'est-ce point de là, dites-moi, que les Romains et les barbares jetaient les femmes adultères ?

A LA BASSE-TERRE

IX

La Basse-Terre. — Le Champ-d'Arbaud. — L'appontement. — La créole (1) à l'œil noir. — La rivière des Pères. — La créole dans son lit. — La créole en route pour le Matouba. — Comme on meurt aux Antilles. — Générosité des créoles. — Notes en forme de pilules. — L'Européen garçon à la Guadeloupe. — Fournaise délicieuse. — Bonheur qu'on ne peut supporter. — Difficulté de se faire des amis. — La créole à l'œil noir. — Rêves du garçon. — Le mariage.

Disposée en long sur le rivage, regardant vers le sud-ouest, et un peu en amphithéâtre sur l'arrière, la ville offre un aspect très riant, très coquet. Elle est coupée par la *rivière aux herbes*,

---

(1) Créole. — Homme blanc, femme blanche originaire des colonies. (Littré.)

qui arrive pleine en temps de pluie, torrentielle et furieuse dans son lit raviné, couleur de boue et surchargée d'herbes et de débris de bois ; en temps de pluie je veux dire, dans les hauteurs, car il se peut que le ciel soit magnifique à la Basse-Terre.

Le Champ-d'Arbaud, sur l'arrière et dans le haut de la ville, est un vaste emplacement carré et un peu incliné, impraticable sous le soleil ; car, en fait d'ombre, il n'a qu'une bordure de palmistes (1). L'herbe y croît comme en pleins champs. C'est là que se trouve le palais du Gouvernement ; c'est là aussi, dans le bas, que commence la Direction de l'Intérieur, au grillage légendaire, — légendaire depuis mil huit cent vingt-cinq ; les barreaux, dit-on, se tordirent sous le

---

(1) C'est une double bordure de magnifiques palmistes, très anciens et très hauts. Il est rare que les places soient ainsi doublement bordées. L'effet du Champ-d'Arbaud est tout majestueux, grandiose, d'un dégagé splendide, d'un sourire de Dieu ; la place d'Armes de Blida est un sourire de la nature sous la coquetterie humaine.

Je ne parle pas de ce qu'on appelle un *Cours*, tel le cours Belzunce à Marseille, le cours de Bône, etc. Ce n'est pas le même genre.

coup de vent. Là aussi, en face du Gouvernement, s'élève, joyeux et lisse comme ses compagnons, le palmiste qu'une aissante traversa, journées terribles et néfastes, qu'il vaut mieux imaginer que de voir. Qui veut savoir comment gronde la nature, n'a qu'à se rendre au Champ-d'Arbaud, en un jour de pareille fête.

L'appontement n'est autre chose qu'une jetée en bois, qui s'avance dans la mer, inutile au commerce, et aujourd'hui spécialement destinée au plaisir des promeneurs. Qui dit plaisir à la Basse-Terre, entendons-nous, c'est du soir au matin ; le jour appartient au soleil. Mais aussi, comme on se rattrape ! Mon imagination, qui ne marchande ni ne lésine, — il faut lui rendre cette justice, — m'a souvent fait, en Europe, goûter les douceurs du paradis terrestre, au point qu'Adam et Ève n'en jouirent jamais mieux ; je m'y suis promené sous toute couture, j'y ai savouré les parfums les plus suaves, la chaleur la plus nonchalante, la brise la plus gracieuse, la fraîcheur la plus sensuelle, la plus enivrante, la plus dissolvante ; les sons les plus harmonieux, les plus légers, les plus vagues, les plus insaisissables ; le sommeil le plus voluptueux, le délire de toutes mes fibres et la résultante de ce délire. Mais tous ces rêves n'étaient rien, comparés au plaisir de l'appontement.

Je ne parle pas de plaisirs mondains, promeneurs qui s'y coudoient et promeneuses qui déroulent leur gracieuse nonchalance.

Elles sont pourtant bien jolies et d'une allure si séduisante, d'un corps si frais et si bien pris, d'une si belle chevelure et d'un regard si profond, que la brise que j'aspirais m'enivrait de leur âme, et tout mon être s'assouplissait à leurs formes. L'une surtout, car, ainsi faits, nous en préférons toujours une..., je ne dirai jamais son nom.

Comme tout le monde, elle partait à dix heures, et seul je restais là.

Quel beau ciel, quelle transparence, que d'étoiles !

A trois heures, je remontais la ville, dont la brise s'exerçait à animer le silence. Je prenais la route du fort, j'arrivais au pont du Galion, toujours lentement et sous le ravissement de ma rêverie. Je descendais, sur la droite, un entonnoir rapide, en certain point abrupt, et, d'une pierre à l'autre, comme guidé par le murmure de l'eau, je me trouvais à mon bassin privilégié.

A droite, lisse et à pic comme par un coup de hache, le rocher qui soutenait le fort ; à gauche, l'évasement de l'entonnoir ; par derrière, une cascade, et devant moi, la *Croix du Sud !* Quelque sensible que soit un homme, il est impossible qu'il ait eu jamais bonheur pareil.

Le lendemain, le soleil rayonnait comme d'habitude, et comme la veille, il terminait sa course derrière un voile fantastique de pourpre, d'or, de bronze, d'opale et de saphir. Et les étoiles me ramenaient vers le rivage, toujours vives et gracieuses, nombreuses comme en un crible, mais cette fois, sur le *cours*. La musique nous y attendait, et les tamariniers, bruyants sous la brise, semblaient redire mes soupirs à ma créole à l'œil noir.

Et quand la musique avait dit son dernier mot, que tout le monde se retirait et que les étoiles brillaient plus radieuses, je la prenais en imagination, cette créole à l'œil noir, et, franchissant sur les ailes de la brise les arbres de toute sorte et les buissons entrelacés qui gémissent tout au bord de la mer, nous nous trouvions, au nord-ouest de la ville, à l'embouchure de la rivière des Pères.

— Insensé ! me disait-elle, que veux-tu de moi dans ces parages ? Ne sais-tu donc pas que sous ces dehors séduisants, une créole ne donne rien ?

— Tu es trop belle et trop naïve pour que j'aspire à un tel bonheur ; je ne veux de toi, sur cette rive bruyante, que le pouvoir d'augmenter mon imagination. Ces grands arbres, dont le feuillage toujours vert s'agite joyeusement au-dessus de nous; ces milliers d'arbrisseaux, qui s'entremêlent comme les mailles d'un filet; ces longues herbes qui nous servent de tapis et ne cachent aucun danger; ces jolis pois rouges d'angola, dont je veux orner tes épaules; ces belles sensitives, que je me garde de toucher de peur qu'à leur exemple ton front ne se rembrunisse; cette eau, qui, là, tout près, se blanchit d'écume, et reflète en face de nous les rayons de tes yeux; ces rochers mal assis, qui semblent se jouer dans le courant; ces nombreux et limpides bassins, dont le calme sourire peut se transformer soudain en un terrible grondement; et plus haut, mais bien plus haut, — tiens, regarde et suis moi, — ces cascades manquées, brisées, tourmentées, tordues ; ces pans de rive, d'un seul bloc détachés, tout fraîchement, d'hier encore ; ce bord vertical, qui frémit sous nos pieds, qui s'éboulera demain peut-être et formera dans le ravin une île au front sourcilleux; et ce triangle à pic, dont les flancs, tapissés d'arbres, se resserrent, en forme de coin, entre les bras du fleuve; voilà, ô ma ravissante créole, voilà ce qui fait mon bonheur.

— Européen naïf, tu es heureux pour bien peu..., quelques arbres et de la terre éboulée, l'eau qui murmure et caresse les rochers... Tels mes cheveux caressent mes épaules..., tel mon sourire... Tu n'as donc jamais rien vu?

— Jamais rien de si beau. Fuyons, ô ma créole, fuyons, car le bonheur me tuerait.

Et tout hors de moi, je fuyais, l'emportant dans mes bras, sur mon cœur qui battait fort. Elle riait de ma naïveté, et sa simplicité me rendait fou. Et toute pure, je la portais dans son lit. Son souffle avait souvent traversé le mien, son regard s'était promené dans mes yeux, ses lèvres avaient souri à mon halètement; mais je n'avais pas osé l'embrasser.

Bien doucement je la posai.

Elle ne dormait pas encore et elle souriait à mon embarras. Les jalousies étaient ouvertes. Son corps, qui recevait presque directement le souffle de la brise…, oh! les ravissantes formes!… s'étendit avec volupté.

Et mon trouble me tenait là, debout, devant elle.

— Européen naïf, me disait-elle, ne me regarde donc pas ainsi. Que veux-tu de moi dans cette chambre? Ne sais tu pas qu'une créole n'est belle que pour son mari?

Mais je ne pouvais répondre, tant j'étais troublé.

— Je serai belle pour toi, si tu le veux, car j'aime tes longs cheveux et ton sourire; j'aime aussi tes manières naïves et la pureté de ton cœur. Mais mon pouvoir se borne là. Si mon corps te plaît, si tu m'aimes autant que me le disent tes yeux, reviens demain quand je ne serai pas seule ; tu me donneras une preuve de ton amour et j'en serai heureuse.

Elle me tendit la main, mais je n'osai l'embrasser, car telle n'était pas son intention.

Je m'arrêtai sur la place de l'Église ; la raison me revint peu à peu et je me dis : Oui, c'est bien vrai, ma créole est telle que mon imagination l'a faite, belle et bien prise, souriante et gracieuse, adorable de franchise et de simplicité, son corps s'étend voluptueux sous les caresses de la brise ; mais, hélas ! ce n'est qu'en rêve que j'ai vue (1).

(1) — Eh ! monsieur, de quel siècle êtes-vous ? Qu'avons-nous besoin de rêves ? Ce n'est point un portrait d'imagination qu'il nous faut, c'est le portrait vrai, avec les rides et le rictus, et les dents noires s'il y en a.
— Vous avez raison en principe. Je sais même qu'il est assez de mode, aujourd'hui, d'exagérer dans le laid et de donner pour une généralité une monstruosité de la nature. Mais consultez un créole et voici ce qu'il vous répondra : « Il ne vous a pas décrit la créole à la cuisine, car elle n'y va jamais ; les mains sales et rugueuses, car elle ne touche à rien ; les lèvres pincées, le front sévère et l'œil méfiant, car l'idée ne lui vient pas qu'on puisse la tromper ; farouche et jouant du poing quand il l'emporte, car il vous eût donné une fausse idée de son caractère. — Elle se laisse donc emporter ? – Jamais, monsieur ! C'est lui le premier, et vous voyez que c'est en rêve. — Mais si on l'emportait ? — On ne l'emportera pas, vous dis-je. — Mauvais raisonnement ; car si le portrait n'est pas faux, nous pouvons supposer la réalité de ce rêve. — Vous avez raison ; si ce rêve se réalisait, tout se passerait comme il vous l'a dit, car le héros de la réalité aurait les qua-

Je vis pourtant quelque chose, le lendemain ; je vais vous le dire.

Désolé de n'avoir fait qu'un rêve, je me promenais en plein soleil, sur la route du Matouba. Ce n'est qu'un mauvais chemin, souvent même raviné, de terre rouge et d'aspect triste. Mais que la bordure en est riante, quel luxe de végétation ! Si l'homme n'y prenait garde, ce serait, en moins de quinze jours, l'image du chaos. Mon imagination était débordée et ma pensée s'y perdait confuse. Heureusement pour elle, pour moi aussi, mes yeux s'arrêtèrent sur une plantation de rocouiers. Ces jolis petits arbres rouges, régulièrement distancés, un peu tristes peut-être,

lités du héros du rêve et la créole ne serait enlevée que par qui doit l'enlever. La réalisation de ce rêve serait le sublime de la réalité, et du moment que vous mettez la créole en dehors des lois ordinaires, c'est ainsi en effet que notre esprit la conçoit. — Singulier peuple, monsieur ; je n'irai pas chez vous. — Restez chez vous, monsieur ! Sont-ils chatouilleux, ces réalistes, avec leurs prétendues études de mœurs ! Ils ne veulent plus qu'ossements, cavales ou guenons. Eh bien ! mes bons, si vous avez épuisé vos sujets, ce n'est ni à la Guadeloupe ni à la Martinique que vous en trouverez. Ni chiffons ni chahut ; purs et nobles étions, purs et nobles serons. »

tranchaient si bien et si nettement au milieu de cette admirable verdure, que mes sens se remirent un peu. C'est ce qui me permit d'entendre quelqu'un qui venait pieds nus derrière moi. C'étaient deux nègres qui portaient un hamac, sur leurs épaules comme on porte un palanquin, et dans ce hamac aux franges blanches, s'assouplissait, toute divine de nonchalance, une créole à l'œil noir.

— Bonjour, mademoiselle.
— *Bonjou*, monsieur, me dit-elle en souriant.

Quoique je l'eusse vue, touchée, portée et adorée en rêve, je ne la connaissais pas; elle ne me connaissait pas non plus. Mais c'était elle, j'en pourrais jurer sur mon bonheur.

— Vous ne craignez pas, mademoiselle, de voyager par une telle température?
— Aête-toi (arrête-toi) un peu, Adonis. N'est-ce pas, monsieur, que ces *hocous* (rocous) sont beaux ? Ils *appatiennent* à mon *fée* (frère).

J'en pouvais jurer pour sûr, c'était bien ma *kéole* à l'œil noir.

—Magnifiques, mademoiselle; c'est pour cela que je me suis arrêté. C'est ce nègre qui s'appelle Adonis?

— Oui, monsieur; c'est un nom qu'il tient de son *pée* (père).

— A sa figure, mademoiselle, on voit bien que ce n'est pas de lui.

— Ou qu'enten, Adonis, ou pas joli (vous entendez, Adonis, vous n'êtes pas joli).

— Maîtresse à moin!...

— Vous allez loin, mademoiselle, seule, ainsi, sur un chemin désert?

— Je ne suis pas seule, monsieur, vous le voyez bien. Je monte au Matouba.

— Vos parents vous y attendent, sans doute?

— Ils sont à la *Basse-Tée*; je m'en vais *voi* ma cousine.

— Me permettez-vous de vous accompagner, mademoiselle?

— Si cela vous fait *plaisi*, j'en *seai* bien contente.

Ah! me dis-je alors, que ne suis-je Adonis, au risque d'être cent fois plus noir que lui! avec quel bonheur je la porterais!

Je suivis quelque temps, tout à côté, bien à côté d'elle. Elle balançait ses petits pieds et me répondait si gracieusement, elle était tellement à l'aise et son sourire tellement vrai, que mon rêve me revint tout entier. Elle aimait mes longs cheveux noirs, je n'en doutais plus ; elle aimait aussi mes manières et la pureté de mon cœur...

Mais..., elle était à l'ombre, et je ruisselais sous le soleil, et les deux nègres, au pas léger, fendaient l'air comme des djinns...

J'eus honte de mon essoufflement, et, quelque peine qu'elle en dût avoir, je lui dis en gémissant combien je regrettais de me séparer d'elle. Elle voudra me retenir pensais-je, elle s'arrêtera...

— Adieu, monsieur, me dit-elle avec un sourire divin, une nonchalance ravissante et un regard tellement profond, que mes jambes fléchirent.

Et elle continua sa marche comme si elle n'avait rien vu.

J'eus peine à m'en retourner de quelques pas, et, tout tremblant, je m'étendis à l'ombre d'un arbre touffu. C'était un fromager.

Simple de moi! me dis-je, c'est ce regard que j'ai, dans mon rêve, pris pour une déclaration. Mais non, ce n'est pas la même : l'autre me connaît, celle-ci ne m'a jamais vu. Comme elles se ressemblent! Même taille, même corps, même majesté ; même nonchalance, même sourire, même regard. L'autre m'aime, je le sais ; celle-ci ne peut m'aimer encore. N'y pensons plus.

Charmant pays, mais tout à son revers. Qu'on étudie un peu la statistique, à la colonne des Européens, et l'on verra qu'ils ont le diable au corps, ceux qui n'y ont laissé matière à pointage. Je ne veux point dire en temps d'épidémie, fièvre jaune ou choléra ; non, non, c'est bien trop du reste.

— Vous ne nous encouragez vraiment guère.

— Allez-y ; mais faites comme moi : quand la mort, sournoise et hideuse, vous jettera son suaire, courbez-vous et glissez vite ; qu'elle ait à peine le temps d'effleurer vos épaules, le suaire tombera dans la rade, et vous vous redresserez sur le bateau. Vous pourrez vous flatter d'avoir joué un beau tour.

— Y fait-il cher vivre?

— Supposez, ou peu s'en faut, tout au double

des prix de France. Les logements y sont très chers, même les habits, au point que, si l'on m'en croyait, le climat s'y prêtant, on se passerait de l'un et... Sachez en outre, qu'une femme qui veut y *avoir un rang*, ne met pas deux fois la même robe, ou du moins laisse un intervalle suffisant pour que le souvenir s'en efface. Tant hommes que femmes, garçons et jeunes filles, tout y doit être d'une irréprochable propreté; ce qui surcharge quelque peu le budget. Survient-il une collecte, — et c'est trop souvent, comme partout, — ce n'est ni deux sous, ni cinq sous, ni dix sous que l'on donne; c'est par dix francs, par vingt, par trente ou par quarante. Les créoles ont ce défaut; c'est le climat, je suppose, qui bourre leur cœur de générosité. Vous êtes maçon à la loge de la Paix, ou bien vous y faites une visite; c'est en un clin d'œil, vous le verrez, que l'on étalera sur une liste une somme de cinq cents francs. Personne n'en sourcillera; on dirait qu'ils ont hâte de vider leurs poches.

— Vous ne nous parlez que du créole et de la créole; excluez-vous la femme et l'homme de couleur (1)?

(1) Les hommes de couleur. — Les mulâtres, les

— Si je n'en dis rien ici, c'est parce que j'en dois parler autre part et que je ne veux pas avoir à me copier. Je n'en dirai rien, du reste, que de très avantageux.

— Vous nous donnez de bien longues notes.

— Ce sont des pilules que je vous fais prendre. Si j'avais pu les envelopper dans le texte, vous ne les auriez pas en note; car cela me coûte plus cher, et vous n'en payez pas davantage. Si vous aviez consenti à m'acheter en quelques pages de style sec, serré, lourd, à tour dur, rude ou filandreux, latin, enchevêtré, ronflant faux, sifflant âcre, aigre, aigu, après *ce dernier*, *lequel* suit

hommes qui proviennent du mélange de la race blanche et de la race noire. (Bescherelle.)

J'ajoute que le mot *mulâtre* est blessant et que l'expression *homme de couleur* est parfaitement acceptée. N'y a-t-il donc pas synonymie? Pour qui habite le pays, assurément non. Dans l'esprit du créole, le mot *mulâtre* entraîne l'idée du croisement au premier degré, c'est-à-dire de peau très foncée, de cheveux presque crépus, de lèvres violettes et d'ongles à base noire. *Homme de couleur* est un terme plus général qui englobe tous les degrés. Il y a des femmes de couleur d'une blancheur remarquable. Il faut être du pays ou l'avoir longtemps habité pour remarquer les signes caractéristiques.

celui-là, je veux dire *celui venant* avant *celui nommé;* si donc vous aviez consenti à m'acheter en quelques pages de style sec, serré, au besoin peu littéraire et point du tout grammatical, sans images ni surprises, sans trame ni fiction, je n'aurais surmené ni mon imagination ni ma plume. Mais je vous connais, je n'en suis pas à mon coup d'essai : du reste, ne vous déplaise, je vous mesure à mon aune : la meilleure géométrie, pour vous, la meilleure philosophie, c'est une femme bien faite, aux lèvres de rose, à la main potelée, au pied mignon, etc. Histoire et géographie, physique, botanique, arithmétique et minéralogie; algèbre, je le veux bien, et toute science en *gie*, en *phie*, en *tique*, en *nique*, — c'est son corps qui vous l'apprend, son cœur aussi, — et son regard qui sonde le vôtre, son sourire qui voudrait mentir, et sa voix qui vous roucoule en perles le mystère de ses infidélités. C'est donc par elle que je vous ai pris, et maintenant que je vous tiens dans le cadre d'une note, souffrez que je donne à mon esprit quelques lignes de repos et que je parle pour mon plaisir.

Si vous êtes garçon, — je le désire pour vous,

car vous pourrez épouser ma créole à l'œil noir, — vous n'aurez, jusqu'à votre mariage, qu'une dépense ordinaire; vous ne payerez guère plus qu'en France. Il va de soi que je ne compte ni le médecin ni la quinine. Il va de soi aussi que je ne parle que de la Basse-Terre, et comme on l'a vu plus haut, tout en faisant des réserves. Je laisse à de plus osés de conseiller le séjour de la Pointe-à-Pitre.

Si vous vous en tenez à ce modeste régime, vous vous lèverez comme tout le monde, et comme tout le monde vous vous coucherez. Dans les premiers temps, vous n'en souffrirez pas. L'étonnement que vous éprouverez de ce ciel ardent, plus blanc que bleu, tant la lumière en est forte; le manque d'équilibre que vous accuseront vos épaules, habituées depuis votre naissance à une petite voûte nuageuse, comme enfumée, plombée et fortement soutenue par une assise de brouillards; le grand vide indéfinissable où, parfois ahurie, oscillera votre tête, incertaine et quelque peu étrangère sur vos épaules mal équilibrées; le bruit de vos tempes, qui, n'ayant plus à l'horizon l'appui d'un petit ciel brumeux, vous paraîtront se dilater pour se faire une base d'un lointain imaginaire; l'éblouissement de cette lumière blanche qui vous enveloppera toute pure, et vous donnera l'étrange sensation d'ombres invisibles qui vous dispersent dans l'infini; la fraîcheur d'une brise dont vous ne connaissiez que le nom et qui pénétrera votre cerveau d'une impression d'azur vif et radieux; le bien-être voluptueux qui réjouira toutes vos fibres, les détachera l'une de l'autre et vous dissoudra presque dans cette fournaise de délices ; tout cela remplira tellement vos loisirs, que vous ne pourrez vous ennuyer.

Peu à peu, revenant de l'étonnement de cet effrayant grandiose, vous ne vous lèverez plus, vous ne vous coucherez plus comme tout le monde : de nuit comme de jour, vous serez dans les ravins, sur les mornes et dans l'eau. Oh! quelle vie!... Toutes les impressions les plus fortes et les plus vives de mille Frances, de mille Espagnes et de mille Italies, comparées alors aux vôtres, ne rempliraient pas une coque de noix.

Mais ce n'est pas tout d'être heureux, il faut pouvoir supporter son bonheur. Si peu que votre âme soit sensible aux beautés de la nature, vous aurez tant de bonheur qu'il vous tourmentera.

Vous chercherez à vous en débarrasser, à le

rendre aux objets qui vous le donneront. Vous partirez comme un fou, le soir, à neuf heures, dix heures, minuit ; vous irez au Galion prendre un bain comme la veille, vous contemplerez la Croix du Sud, et les larmes perleront dans vos yeux ; bientôt, fuyant un site dont la suavité vous devient importune, le cœur plein, gonflé, vous jetterez par gestes votre douleur aux astres, aux rochers, à la rivière, aux arbres, à l'inconnu ; à droite, en passant sous le pont, trois, quatre, cinq pas plus haut, ces petites fleurs de feu qui viennent s'abreuver dans l'onde et que vous aimiez tant, vous les arracherez, vous les froisserez, vous les écraserez, — innocentes petites fleurs qui chercheront à vous consoler ; — votre cœur se gonflera d'autant plus, et quelques heures plus tard, les profondeurs des forêts vous entendront rugir ; de la *Savane-à-Mulets*, vous monterez au galop, presque par bonds, tout essoufflé, sur le piton du volcan ; vous vous enfoncerez dans des gorges effroyables, toujours rugissant et ne sachant à quoi vous en prendre ; le raz-de-marée, cette terreur des canotiers, vous rappellera sur le rivage et vous irez gronder avec lui, car ses lames monstrueuses seront à l'unisson du bouillonnement de votre cœur ; pas plus qu'il ne sait d'où il vient, quand il se brise furieux, vous ne trouverez la cause du trouble qui vous pousse, vous agite, vous soulève, vous entraîne; et vous maudirez la mer, les astres et les forêts; vous maudirez tout, jusqu'aux parfums de la brise, car le bonheur vous écrasera.

Et lorsque, impatient de tout, fatigué de vous-même, fou d'incertitude, vous ne pourrez plus supporter les éclats de votre cœur, vous reviendrez, affaissé, dans votre chambre; et là, soumis, brisé d'émotions, vous vous livrerez à la mélancolie et vous jetterez tout autour de vous un regard presque anxieux. « Seul, vous direz-vous, seul dans ce maudit pays!... Pas un ami pour partager ma douleur!... » C'est bonheur qu'il faut dire.

C'est vrai : pas un ami. A la Guadeloupe, à la Martinique, ce n'est pas en un jour qu'on se fait des amis; il faut longtemps, très longtemps, des années peut-être. En France il nous suffit d'un mois de café, quinze jours de brasserie; dans nos colonies, point de brasseries, de cafés non plus; on boit chez soi, on fume où l'on peut.

Et lorsque quelque temps plus tard, vous vous serez fait une habitude de ce bonheur qui vous étouffait, vous irez, comme tout le monde, entendre la musique au Champ-d'Arbaud, et de préférence sur le Cours, car le Champ-d'Arbaud est trop vaste et l'on se coudoie trop peu. C'est là que vous trouverez votre guérison ; là, que vous renoncerez aux mornes, aux ravins, aux précipices et au volcan ; que vous renoncerez aux effrayantes délices de cette nature fantastique ; car c'est là que vous en trouverez la résultante, toute calme et d'un ravissant sourire ; c'est là, je veux dire, que vous verrez ma créole à l'œil noir.

Vous ferez d'abord comme je fis, vous l'emporterez en imagination ; vous l'installerez au milieu des bois, bien loin du bruit, loin même du souffle humain, dans une clairière du Gommier. Je vois d'ici la maisonnette que vous lui destinez, quatre pièces au rez-de-chaussée, un vrai palais, boudoir des bois, fait pour l'amour. A quinze pas, le Galion, faible encore, murmure ses jeunes cascades ; tout autour, se déroule en souriant la verdure la plus séduisante.

Trop heureux fous que nous étions, n'est-ce pas, Vignier? C'est à minuit que nous montâmes. A minuit, monter au Gommier ! Il faisait noir, la pluie tombait comme d'un crible.

Que gaiement les heures s'écoulèrent!.....
Comme elles riaient!...

— Les heures? — Non. Trop heureux fous que nous étions!...

Vous ferez donc comme je fis : vous mettrez vos gants, votre beau panama, vos bottines vernies, vos habits les plus frais, et vous irez à l'église.

C'est dur, mais vous irez. Je vous plains en cela ; car c'est à dix heures, il fait chaud, l'église est pleine, toutes les places sont prises, et vous restez debout dans l'un des couloirs de la nef, heureux encore si votre présence n'attire tous les regards.

Vous allez donc à l'église pour y voir votre créole à l'œil noir, et au bout d'un long temps, vous lui adressez des vers, — qu'elle montrera, je vous préviens, tout aussitôt à sa mère.

Plein de votre idée, vous triomphez de tous les obstacles. Vous allez à confesse, et le prêtre bénit votre mariage.

— A confesse?

— C'est dur, mais vous irez.

Je ne parle pas de la mairie : pour ces esprits grandioses, la cérémonie en est froide et désolée.

Le créole, du reste, sait bien que lorsqu'il donne sa parole et sa foi, l'article le plus rigide ne saurait l'enchaîner davantage. En France, on attache un peu plus d'importance à l'acte de la mairie. On n'est pas sûr de se plaire toujours.

A LA BLIDÉENNE

UN

CONSEIL

X

L'auteur et la Blidéenne. — Ce qu'il lui conseille. — Littérature du jour. — Poètes affamés. — Où l'on arriverait. — Satire et coups de fouet. — Retour au beau. — Lamartine.

— Ma toute vive et chère Blidéenne, à nous deux maintenant.

— Mais non, pas si vite.

— Ne craignez pas, il s'agit d'autre chose. J'ai là, sur feuilles volantes, quelques strophes pleines d'amour...

— Je ne me trompais donc pas?

— Non, non; ne craignez rien... qui m'ont coûté... beaucoup de travail, je ne dirai pas, mais pour sûr beaucoup d'affection. Je crains de les perdre, tant elles sont légères et vaporeuses, et tant parfois je suis distrait. Pour n'avoir plus à m'en préoccuper, cette brochure se présentant, je les insère à la suite de votre éloge et, tout timide et tout tremblant, les mets ainsi sous votre protection.

— C'est un moyen de les faire lire. Elles sont, dites-vous, légères et vaporeuses.

— Je sais bien que la poésie disloquée, bossue, à tronçons geignants, est celle qui convient à notre époque. Mais, s'il est bien vrai, — et c'est vrai, je l'affirme, — qu'au milieu de cette débauche de rictus, la Blidéenne a su conserver le sourire de la nature, ne puis-je m'enhardir jusqu'à croire qu'elle ne refusera pas le témoignage que je lui en donne?

— Quel témoignage en donnez-vous?

— Le plus éclatant, je crois, qu'il soit possible, si je mets sous sa protection la mélodie de la pensée, la grâce de la forme et la fraîcheur du sentiment.

— Est-ce votre éloge que vous faites?

— Je suis trop maladroit pour faire un éloge quelconque. Je veux tout simplement dire que je vous conseille de rester ce que la nature vous fit, de vous bercer dans la poésie que mes strophes vous recommandent, et de ne pas risquer votre goût littéraire aux déhanchements de notre époque.

— Qu'entendez-vous par rictus de débauche et époque à déhanchements?

— O malicieuse Blidéenne, qui me fait dire plus que je n'ai dit! J'entends par débauche de rictus le large et bruyant rire de tout un peuple qui applaudit au débraillement de la pensée, aux haillons de la forme et aux odeurs malsaines; car c'est bien là que nous en sommes. Pauvre langue, si belle naguère! Elle s'est, en quelques années, transformée en un hideux jargon. Pauvre littérature, aigle et cygne naguère, qui se traîne aujourd'hui, l'aile cassée, sale et puante, comme une vieille chouette! Ne voyez-vous pas cette armée de scarabées, qui fouillent dans les immondices pour nous servir de la pourriture? Et les coryphées du jour ne refont-ils pas notre histoire littéraire, en exhumant les guenilles d'un grand homme? Et ne jugent-ils pas de la valeur de ses œuvres sur les odeurs qui se dégagent de son lit?

Allons, allons, monsieur Popo, comédie que tout ça! Si vous aviez le talent de Villemain, vous n'iriez pas fouiller là-dedans.

Et ces poètes affamés, qui fouillent aussi à plein museau sous les carcasses des voiries, et nous viennent, quand ils sont rassasiés, se dégorger à nos yeux d'une côtelette de charogne? Croyez-vous franchement qu'ils aiment cette pâture? Eh! non : mais à chacun sa force : il est facile de rimer des saletés, point facile du tout de faire de beaux vers !

Ce qui me chagrine le plus en tout cela, ce ne sont pas les odeurs qu'ils émettent : je me tiens à distance, et je pense que, de son côté, le public en aura bientôt plein le nez; non, je redoute, — et cela me désole, — que la postérité ne nous appelle le *siècle des fossoyeurs*.

Sous prétexte de science, d'algèbre et de géométrie, de chimie, de physique, de botanique et de zoologie, nous courons à toute bride vers un abîme sans fond, d'où tous les singes de Darwin ne sauraient nous faire remonter.

Heureusement, si mes sens ne m'abusent, le bon génie littéraire de la France, accourant des profondeurs célestes, nous arrêtera sur le bord, — naturalistes et fossoyeurs, — en murmurant à sa bien-aimée cette pensée consolatrice :

> Reviens, reviens à mon amour,
> O ma France chérie !
> A d'autres la géométrie !
> Pour nous, crois-moi, c'est trop d'un jour.

Ton avenir, ma toute belle,
   Est tout dans ton passé ;
Sois douce pour ton fiancé ;
Va ! ne te montre pas rebelle.

Tu me chassas, t'en souviens-tu ?
   Pour prendre le triangle :
Ne vois-tu pas comme il étrangle
Ton sein tout de fer revêtu ?

Et cette robe retroussée ?
   Et ces bottes de fer ?
Et cette barre qui se perd
Dans les replis de ta pensée ?

Et sur ce front où tant j'aimais
   Un sourire de brise,
Ces gros moellons de pierre grise !!!
Jette-les, va ! Je te promets

De ne demander de la vie
   Au triangle vainqueur
Ce que devint ton pauvre cœur
Quand ton âme me fut ravie.

Je veux te rendre ton bonheur,
   Ton gracieux sourire
Et, bon Dieu ! puisqu'il faut le dire,
La décence de ton honneur.

Je voudrais de ta lèvre rose
 Chasser le mâchefer :
Autour de toi c'est un enfer ;
Bêtes et gens, tout est morose.

Les poètes, ne sachant plus
 Où prendre leurs pensées,
Riment des choses insensées,
Au dépit des quarante Élus.

Quelques-uns même font fortune
 En fouillant les égouts :
Le peuple en est à de tels goûts
Que la décence l'importune.

On hume l'odeur des fumiers,
 On aime qui grouine,
Et plus d'un grigou se ruine
A l'achat de vers orduriers.

Tel vin contient de la fuchsine (1),
 Que le vendeur est pris ;
On pousse même les hauts cris,
Si tel maraudeur assassine.

Mais on prône, en l'enrichissant,
 Tel bandit littéraire

(1) On doit prononcer *fuk-sine*, non pas *fu-chine*.
C'est pour dire que ma rime est bonne.

Qui des rayons de son libraire
Jette son flux à tout passant;

Qui s'introduit dans les familles,
Crapuleux, indécent,
Pour troubler au plus pur du sang,
Pourrir les femmes et les filles ;

Qui rampe, impudique traqueur,
Gluant tout de sa bave,
Faisant du garçon une épave,
Le tuant dans l'âme et le cœur.

Mais il me faudrait tout un livre,
Tant le mal s'est accru.
Tu te mourrais, j'ai reparu,
Le monde te verra revivre.

— Ce sont là les vers que vous nous annonciez?

— Oh! que nenni. Les vers que je vous ai annoncés sont autrement faits ; la rime en est meilleure, l'expression plus noble et la pensée aussi, car il m'est bien permis de me comparer à moi-même et de dire que les vers qui précèdent ne valent guère mieux que ceux qu'ils blâment. Ce n'est là qu'une satire, faite au courant de la plume et en style de journal; c'est du terre-àterre. Les autres sont réfléchis, travaillés, limés, ou plutôt non, je me trompe, fondus, venus d'un bloc, sans reprise ni couture. Ce n'est point une satire, c'est un éloge, un éloge qui part de l'âme, et c'est pour cela que je les affectionne et que je profite de cette brochure.

A MON FILS
QUAND IL AURA VINGT ANS

—

ÉLOGE
DE
LAMARTINE

LAMARTINE

I

Qu'était aux anciens temps ce dieu de la pensée,
Ce prêtre que le Ciel envoie à nos malheurs,
Cet ami qui nous doit sa strophe cadencée,
Qui nous doit de se perdre avec nous dans nos pleurs ;
Ce confident intime, harmonieux génie,
Qui soupire pour nous de sa lèvre bénie
Les douleurs du fardeau qu'il nous faut soutenir ;
Ce prophète du cœur, dont la voix souveraine,
De nuage en nuage, avec lui nous entraîne
  Vers les secrets de l'avenir ?

Ce qu'il fut ?... Parcourez cette longue série
De siècles de héros et de siècles sans nom,
Siècles de liberté, siècles de barbarie,
Age d'or ou de fer, de flèche ou de canon :

Vous entendrez parfois les accords d'une lyre,
Les cris mélodieux d'un bachique délire,
Ou l'éloge payé d'un athlète vainqueur ;
Les mensonges adroits de quelques faux prophètes,
Des drames de famille ou de honteuses fêtes,
   Mais jamais un élan du cœur ;

Jamais rien, non, jamais, de cette poésie
Qui sait ravir notre âme à nos sens inquiets,
Qui donne, sans éclat, sans feinte frénésie,
Un suave lyrisme à nos tremblants souhaits ;
Qui, nous enveloppant d'une vague éthérée,
Nous porte, sans secousse, aux bords de l'empyrée,
Nous berce et nous endort dans des flots de sommeil ;
Puis, toujours vaporeuse et douce de mystère,
Nous bruit son murmure et nous montre la terre
   Sous l'or d'un nuage vermeil.

II

Comme un cygne se joue au sourire des ondes,
Sous le joyeux concert d'un feuillage enchanté,
Lamartine se berce, avec nous, dans les mondes,
Sous le bruissement de leur immensité ;
Son vol audacieux n'a rien qui nous surprenne ;
Nous sondons, avec lui, d'une main souveraine,
Cet océan d'azur qu'il dévoile à nos yeux ;
Nous mêlons notre voix à l'hymne de l'espace,
Nous saluons d'un mot la comète qui passe,
   Ce flamboyant courrier des cieux.

Sur ces vagues sans fond notre raison grandie
Creuse, creuse toujours d'invisibles sillons,
Et l'écume du ciel, comme un vaste incendie,
Déroule autour de nous ses brillants tourbillons ;
Cette mer de soleils, nappe sans fin ni source,
De merveille en merveille emporte notre course...
Mais soudain notre esprit s'arrête, épouvanté :
Frêle esquif dont le temps a fatigué les voiles,
Nous demandons à Dieu l'orient des étoiles
    Et les bords de l'immensité.

III

La nuit a distillé ses perles de rosée,
La montagne a tremblé d'un saint frémissement,
L'aube a blanchi déjà la pelouse irisée,
L'alouette prélude à son gazouillement ;
Dans un soupir confus la forêt se balance,
La vague sur la vague en bondissant s'élance,
La fleur, épanouie, étale son satin ;
L'écho du val prolonge un carillon rustique,
L'abeille, en butinant, bourdonne son cantique,
La lyre nous convie à l'hymne du matin.

O poète, ton âme est un flux d'harmonie,
Un océan d'amour, un abîme de bien,
Vague comme un reflet de l'idée infinie,
Vague comme l'azur que tu chantes si bien !

Pardonnez à ma voix, respectables critiques,
Dout la mâle raison, digne des temps antiques,
Ne trouvez dans ces vers que chants et que sanglots,
Pardonnez à mon cœur si j'aime le délire,
Des sons à moduler mieux que des vers à lire,
Et mieux qu'une œuvre d'art le murmure des flots;

Si le ciel est pour moi toujours une merveille,
Si mon cœur est toujours sensible à la beauté,
Si j'aime au lendemain ce que j'aimai la veille,
Si la nature n'est qu'un soupir répété ;
Si l'arbre qui gémit, si la mer qui moutonne,
La cascade qui dort dans son bruit monotone,
La source qui s'anime et se creuse un chemin ;
Si l'onde qui se plaint à la rive fleurie,
La vierge qui soupire et la mère qui prie,
Par leurs notes d'hier me séduisent demain ;

Si le poète... Oh! lui, c'est lui ma rêverie,
Ma tristesse, mes pleurs, ma douleur, mes ennuis,
Le généreux soutien de mon âme meurtrie,
Le soleil de mes jours, le flambeau de mes nuits;
C'est lui qui vient à moi, me berce et me convie
Aux soupirs de l'extase, à l'hymne de la vie,
Aux parfums ondoyants de ses divins accords;
C'est lui seul qui viendra me fermer la paupière,
Couronner mon front pâle et gémir sur la pierre
Dont une main pieuse aura couvert mon corps.

Oh! laissez-moi l'aimer ! que je me rassasie
Des rêves de son cœur, des pleurs de ses accents !

Lui seul fut inspiré ; c'est lui la poésie,
Le délire de l'âme et l'ivresse des sens ;
L'espoir du malheureux que le doute tourmente,
L'ineffable désir de toute femme aimante,
Le rêve aux ailes d'or du jeune homme altéré ;
C'est la splendeur du jour qui sourit à la terre,
C'est l'esprit de la nuit qui sonde son mystère,
C'est Dieu qui se dévoile au prophète inspiré ;

Eh ! que m'importe, à moi, qu'il sourie ou qu'il tonne,
Que le bruit de son nom remplisse l'univers,
Que son bras, que sa voix, que tout en lui m'étonne,
Si je ne vois que lui sous l'éclat de ses vers ?
Qu'Anacréon s'enivre ou qu'Horace s'amuse,
Qu'un Pindare enflammé flatte ou torde sa muse,
C'est lui, ce n'est que lui, toujours lui que je vois.
Non, non, le vrai poète est l'humanité même ; [m'aime,
Quand il chante, je sens que c'est pour moi, — qu'il
Que son cœur est mon cœur, que sa voix est ma voix.

Sa muse est comme un lac où nul flot ne se brise,
Calme sous le concert d'un feuillage bruyant ;
Comme un lac embaumé qu'une mourante brise
Salue avec amour et caresse en fuyant ;
Comme un lac qui reçoit un puissant tributaire,
Sans qu'une onde jamais ait troublé le mystère   [ceaux ;
Que l'ombre épand sans fin sous ses tremblants ar-
Qui s'épanche à pleins bords de son urne azurée,
Et va porter au loin de contrée en contrée,
Les précieux bienfaits de ses mille ruisseaux.

IV

On entendra bientôt un hymne d'espérance,
Et de joie, et d'amour : les peuples ont frémi
D'un bonheur inconnu : « Gloire, gloire à la France,
Qui nous donne un poète, un prophète, un ami !
Les siècles traduiront sa phrase cadencée,
L'enfance épellera le chant de sa pensée,
Il sera grand pour tous, plus encor qu'à nos yeux.
Oui, c'est toi ce poète, âme de l'harmonie !
Ta mémoire sera ce que fut ton génie,
Belle comme l'azur, comme un rayon des cieux ! »

V

Aigle d'intelligence, il refit la pensée ;
Tout un monde germait dans chacun de ses vers.
Tel serait accueilli par la terre glacée
L'astre dont les rayons fécondent l'univers,
Si dès longtemps perdu dans la céleste voûte,
Il devait au hasard de reprendre sa route
Et jaillissait un jour des brumes du matin,
Inondant de ses feux les cimes étonnées,
Sous un ciel qui n'eût eu de cent et cent années,
    Que le reflet d'un jour lointain ;

Tel tu nous apparus, dieu de la poésie !
Ton essor suspendit nos profanes accents ;
La lyre d'Apollon, que nous avions choisie,
Se brisa tout à coup sous nos doigts frémissants :

Nos fictions d'hier n'étaient plus qu'un mensonge,
Et la brise bientôt dispersa comme un songe
Les débris gracieux de leur vaine splendeur;
Nous suivîmes ton vol, le cœur plein, l'œil avide,
Pour sonder avec toi, dans les déserts du vide,
    La source de notre grandeur.

Aux accords de ton luth, aux doux sons de ta lyre,
L'espoir nous éblouit, notre front rayonna,
Et nos voix, trahissant un suave délire,
Retentirent au loin d'un brillant hosanna ;
Et chacun s'abreuva des flots de ton génie,
D'une telle puissance à tant de grâce unie,
D'une plainte si noble et d'un amour si pur ;
Et la France meurtrie et l'Europe lassée
Bercèrent les douleurs d'une guerre insensée
    Sur les ondes de ton azur.

VI

Lorsque, affolé d'espoir, de vengeance et de haine,
Comme un lion blessé qui romprait ses barreaux,
Le peuple, inconscient, bondit hors de l'arène,
La légende d'Orphée eut en toi son héros :
Il rugissait ; son front était hideux de rage,
Sur sa lèvre grondaient le blasphème et l'outrage,
L'incendie et la mort... Horreur !... Seul, tu fus là,
Tu l'arrêtas d'un mot... Mais lui, dans son vertige,
Blasphéma contre toi. Tu perdis ton prestige,
    Et ton piédestal s'écroula.

Eh! qu'importe le monde à l'amour du poète?
Ses désirs ne sont pas les désirs d'un vainqueur;
Quand il vit avec Dieu, c'est plus qu'il ne souhaite,
Il laisse tout à l'homme et lui donne son cœur;
Il lui donne les flots du parfum qu'il respire,
Le feu de son regard, l'amour de son sourire,
Le souffle de sa plainte ou de son désespoir.
Si le Ciel avait pu permettre une ironie,
Tu nous aurais donné, poète, ton génie
  Et ta grandeur et ton pouvoir.

Tel Dieu, plein de son œuvre, ouvrant ses mains fé-
Donna l'éclat du ciel à son éternité; [condes
Tel, tu jetais, du haut du tourbillon des mondes,
Les rayons de ta gloire à l'immortalité;
Indifférent au bien qui nous vient de la vie,
Ton cœur suivait l'essor de ta muse ravie,
Dont l'aile redoutait l'amertume et le fiel;
Même au milieu du bruit, tu vécus solitaire;
Sublime sans orgueil tu passas sur la terre
  Aussi simple que dans le ciel.

VII

Lorsque le temps fixé vint clore ta paupière
Et suspendre ton luth, insensé le mortel
Qui crut t'ensevelir sous une froide pierre!...
« Ici gît... » Point de nom : ta tombe est un autel.

Dieu ne t'a point pétri d'une vile matière ;
Ton sépulcre, c'est nous, c'est la nature entière,
C'est l'éclat du soleil, c'est la brise qui fuit ;
C'est le rayon d'azur qui meurt dans la vallée,
C'est le bruissement de la feuille isolée,
      C'est le silence de la nuit ;

Le murmure plaintif de l'arbre qui s'incline,
La piété du temple et la prière en pleurs,
L'isolement des monts et la verte colline,
Et les rochers muets, témoins de nos douleurs ;
C'est l'hymne du torrent qui bondit et s'élance,
Et l'hymne du ruisseau qui le suit en silence
Vers le gouffre sans fond de l'orgueil confondu ;
Les aspirations et les élans de l'âme,
Et la foi qui poursuit sur des ailes de flamme
      Le souvenir d'un bien perdu.

VIII

Mais quel éclat soudain ?... La nue est embrasée,
L'horizon s'élargit sous mille tons divers,
Le zénith brille au loin d'une ardente rosée...
Est-ce un dernier frisson qui trouble l'univers ?
Pourquoi ces longs sillons d'étoiles innomées,
Et ces monts de saphir, ces vagues enflammées,
Que la brise balance au sourire des cieux ?
Quelle est cette couronne en spirale tressée,
D'azur et d'églantine et de lis nuancée ?
      Quel est ce trône merveilleux ?

Hosanna ! gloire à toi ! Réveille-toi poète !
Plus long fut ton sommeil, plus tu dois être prêt.
Les peuples ont vieilli sur ta cendre muette,
La justice éternelle a mûri son décret.
Vois-tu ces flots humains qui se pressent sans nombre?
Ils viennent applaudir au réveil de ton ombre;
Siècles sans passion, c'est la postérité.
Et là-haut, sous ce dôme où le trône domine,
Cette foule aux regards bienveillants, qu'illumine
    Une éblouissante clarté ?

C'est là le tribunal des gloires de la vie.
Et ces ombres, là-bas, dans le lointain, tu vois,
Heureuses du bonheur auquel on te convie?
O prophètes, c'est vous, dont la puissante voix
S'élève ardente et pure, et, franchissant la nue,
Ouvre à la plainte humaine une route inconnue,
Où jamais avant vous nul soupir n'arriva.
Le ciel en retentit dans ses voûtes lointaines;
L'Horeb frémit, brûlé de lueurs incertaines,
    « Me voici ! » répond Jéhova.

C'est Homère... un grand nom, de sublime mémoire,
Que tout le monde admire avant de l'avoir lu...
« Le lire ?... Trois mille ans ont consacré sa gloire;
Pour tout autre qu'un Grec, n'est-ce du superflu?
Un Achille qui boude, un Chrysès qu'on outrage,
Un Ulysse qui court de naufrage en naufrage,

C'est beau, mais tout cela, qu'est-ce le lendemain?
Au bout de trois mille ans qu'importe une aventure?
Tout ce fracas vaut-il un chant de la nature,
    Même un soupir du cœur humain? »

C'est le sublime Eschyle à l'âpre mélodie,
L'harmonieux Pindare à l'affût d'un vainqueur,
Hésiode, Tyrtée à la strophe hardie,
Sapho, qui met à nu les secrets de son cœur,
Anacréon, Sophocle, Euripide, Lucrèce,
Horace qui sourit au trépied de l'ivresse,
Plaute, dont les savants ont tourmenté, tordu,
Contre-haché le rythme, ô savante ignorance!...
Et le rude Ennius et l'aimable Térence,
    Au vers limé, poli, fondu;

Virgile au front serein, au pudique sourire,
Qui n'ose se promettre à l'immortalité;
Ovide, qui ne peut se lasser de décrire,
Et l'âpre Juvénal, qui burine un traité;
Perse, qui n'est obscur que pour être énergique,
Le novateur Shakespeare et notre grand tragique,
Et le tendre Racine et l'austère Boileau;
Molière au cœur chagrin et le bon La Fontaine,
Et Voltaire, qui rit d'une lèvre incertaine
    A l'un des angles du tableau;

Milton, le Camoëns, l'Arioste, le Tasse,
Klopstock au cœur français, Gœthe au nom allemand,
Le Dante, fou divin, dont le génie entasse
Et moule le sublime au front d'un monument.

Tous ces noms radieux, qu'on inscrit par centaines,
De Madrid, de Lisbonne, et de Rome et d'Athènes,
De Londres, de Berlin, d'Edimbourg, de Paris,
Vont rehausser l'éclat de cet arrêt posthume
Et dégager ton front du voile d'amertume
    Dont sur la fin tu te couvris.

Sans doute ces grands noms que ma prose rimée
Saisit, pâle et sans ordre, en ses bonds incertains,
Comme toi planeront avec la renommée
Et porteront leur œuvre aux temps les plus lointains ;
Oui, mais ton œuvre, à toi, — pour l'humble créature,
C'est l'homme, c'est son cœur, son âme et la nature,
C'est toi qui vis en lui comme il vit dans tes vers ;
Pour l'esprit moins soumis, c'est une onde de brise,
Qu'un caprice divin gonfle, agite ou maîtrise
    Sur l'abîme de l'univers.

Va, prends ta place au sein des gloires de la vie,
A toi le premier rang ; reprends, reprends tes droits.
Ta France est là, debout, toute belle, et ravie
De tes divins accords. Entends-tu cette voix:
« Arrière, marteleurs à l'encolure dure!
Arrrière, fossoyeurs et fabricants d'ordure,
Cœurs à gain, gens de boue et de honte affublés!
Et vous qui ne sachant aligner la pensée,
La tordez, la coupez, hachez, sciez, glacée,
    Allez, maçons de l'art, allez! '

« Allez ! C'est trop pour nous, trop d'hyperémésie (1);
Nous voulons le ciel bleu, le ciel diamanté,
Avec ses vagues d'or, ses flots de poésie
Et les ondes d'azur de son immensité.
O Lamartine, un jour, ligne vaine et muette,
Ton nom s'effacera, tu seras LE POÈTE !
Peuples, chantez son œuvre ! A Dieu de le bénir.
Au nom de l'univers vieilli, qui m'environne,
Noble fils de la France, à toi cette couronne !
    Au poète de l'avenir ! »

(1) Je prie le lecteur de croire que ce n'est pas pour la rime que j'emploie ce mot : la rime ne me gêne guère. C'est pour ne pas mettre dans ces vers le mot *vomissement* ou *dégorgement*.

TABLE DES SOMMAIRES

I

Le Blidéen né pour Blida. — Oran. — Les Oranais. — Tlemcen. — Changement de noms. — Ignorance. — Constantine. — Son théâtre. — Bône. — Comme elle s'allongea. — Son port. — La place d'Armes. — Le Cours. — Encore l'ignorance. — La Pépinière. — L'Académie d'Hippone. — Les Constantinois à Bône et les Bônois à Constantine. — Les soldats de la Brèche. — La statue de Thiers. — Les Blidéennes. — Le type de la Blidéenne. — Encore Bône. — Les ruines d'Hippone. — André le Florentin. — La manie du chiffon. — Entre Seybouse et mer. — La Grenouillère. — Les promeneurs qui soupirent. — Conclusion. — Port de Philippeville. — La Blidéenne à Philippeville. 15

II

Place d'Armes de Blida. — Les platanes infléchis. — Illumination. — L'orchestre. — La retraite aux flambeaux. — Les musiques. — L'indiscret. — Rêve de l'Arabe, — du nègre, — de la négresse, — de l'étranger, — du Blidéen, — de la Blidéenne. — Le soir de la fête. — La foule à Paris. — Comme on s'en tire. — Entrée au bal. — Le quadrille. 39

III

Danse arabe. — Place du marché arabe. — Danse des nègres. — Que fait qui valse. — Où l'on en vient. — Orchestre arabe. — Fatma et Aïcha. — Singuliers goûts. — Il faut de l'épicé. — Réserve dédaignée. — Costume de Fatma. — Vœux des soupirants. — Bonheur du chef d'orchestre. — Danse d'Aïcha. — L'auteur rougit. — Une dame qui chuchotte. 57

IV

Réflexions de M. Bertrand. — Chéri et Minette. — Portrait du valseur. — Que ne suivons-nous la nature ? — Pourquoi danse-t-on ? — Le philosophe qui nous le dit. — Dieu nous approuve. — Combien de monde ? — Calcul invraisemblable. — Où loge-t-on ? — Rêve de M. Spitéri. — Le galop. — Mélanie, Henri, Léa. — Compère Adurot. — Galop à quatre. — Vœux couronnés. — Que voudrait encore le lecteur ? — Mila et la plaine.   73

A BLIDA

V

Enterrement juif. — Comme on porte le mort. — Attitude des Français. — Attitude des Juifs. — Douleur des femmes. — Comme on va au cimetière. — Ce qu'en pense l'auteur. — Mise en terre. — Veuve désolée. — Enterrement arabe. — Douleur des femmes. — Marche rapide. — Chant funèbre. — La fosse. — Mise en terre. — La prière. 103

A TLEMCEN

VI

Rue arabe. — Entrée arabe. — Intérieur. — Comme l'auteur entend le portrait. — Arabes qui mangent. — Musiciens. — Le marié. — Procession en bandeau. — Mauresques voilées. — La toilette de dessous. — Bonnet *chachia*. — Anneaux des oreilles. — Tatouages. — Ce qu'est la robe. — La mariée. — Bracelets. —

Deux ménages. — Expédition à Figuig. — Souffrances de la route. — Comme on est reçu. — Cada Klouch. — Famine. — Morto. — Fanatisme. — Dépôt de mendicité. — Température. — Costume arabe. — Singulière invitation. 113

A ORAN

VII

Oran. — Terre rouge. — Le port. — Vue prise du port par la Blidéenne. — La Marine. — La Calère. — Solitude aux Pommiers-Roses. — La Crête-à-nous-seuls. — Flanc de terre brune. — Le petit Duguesclin. — Le jardin Westford. — Valentin Bossi. — Les guitaristes. — Tunnel sous l'église. — Rue de Gênes. — Rue Philippe. — Marché du théâtre en 1870. — Promenade de Létang. — Place Blanche. 133

A CONSTANTINE

VIII

Constantine. — Dans les rues. — Prix du terrain, — du charbon, — du bois qui brûle, — du bois qui ne brûle pas. — Bassine à douches. — Logements. — Bureau d'une administration. — Coup d'œil des montagnes. — Le Rummel. — Un rêve. — Constantine en canot. — Cascades d'El-Ourit. — Cascades du Rummel. — Ce qu'on jetait. 155

A LA BASSE-TERRE

IX

La Basse-Terre. — Le champ d'Arbaud. — L'appontement. — La créole à l'œil noir. — La rivière des Pères. — La créole dans son lit. — La créole en route pour le Matouba. — Comme on meurt aux Antilles. — Générosité des créoles. — Notes en forme de pilules. — L'Européen garçon à la Guadeloupe. — Fournaise délicieuse. — Bonheur qu'on ne peut supporter. —

Difficulté de se faire des amis, — La créole à l'œil noir. — Rêves du garçon. — Le mariage. 175

X

L'auteur et la Blidéenne. — Ce qu'il lui conseille. — Littérature du jour. — Poètes affamés. — Où l'on arriverait. — Satires et coups de fouet. — Retour au beau. — Lamartine. . . . 201

www.ingramcontent.com/pod-product-compliance
Lightning Source LLC
Chambersburg PA
CBHW071950160426
43198CB00011B/1622